Pasquale Stavolone

Ad amare s'impara
L'amore è un viaggio che parte da te.

Questo libro non vuole, in nessun modo, sostituirsi a delle sedute da uno specialista. Lo scopo è quello di rendere, chi lo legge, consapevole di alcune problematiche che magari non vengono considerate.
Se credi di aver bisogno dell'aiuto di uno specialista non ti vergognare, anzi, potrebbe aiutarti tantissimo.

INDICE

- **12** 1. L'amore è un dono
- **28** 2. Vuoi una semplice storia o un amore vero?
- **40** 3. Quanto amiamo gli amori impossibili
- **53** 4. L'amore è uno stile di vita
- **66** 5. Le 5 fasi di una relazione
- **76** 6. Cosa non va in me?
- **90** 7. L'importanza dei rapporti
- **100** 8. Atteggiamenti fondamentali di una coppia sana

Miei cari lettori e mie care lettrici, prima di leggere questo libro voglio rendervi coscienti del fatto che io non sono e non mi sento nessuno per insegnare agli altri come si ama.
Tutto ciò che ho scritto in questo libro non servirà per inculcarvi il mio credo ma per porgervi un punto di vista differente sulle e cose e per farvi ragionare.
Se in alcuni punti non sarete d'accordo con me, sappiate che la cosa è del tutto normale.

Ad amare s'impara

*All'inizio avevo tanta paura di sentirmi amato
ma, tu, con la delicatezza che contraddistingue
l'amore vero, non ti sei stancato di aspettarmi e di
corteggiarmi.
Mi hai sedotto e non mi hai abbandonato.
Mi hai insegnato ad amare ogni parte di me,
soprattutto i miei difetti, soprattutto i miei errori.
Mi hai insegnato a non giudicarmi e ad accettare
tutti quelli che erano e che sono i miei limiti.
A te, che mi hai amato per primo e che
mi hai insegnato cosa significa amare,
dedico questo libro e tutta la mia vita.*

*Ti prego, Padre mio, fa si che
tutti coloro che leggeranno questo testo
possano trovare il vero amore ed essere felici
per il resto dei loro giorni.
Siamo stanchi di essere usati, stanchi di non avere
più fiducia in nessun essere umano.
Non te lo chiedo per la mia o per la loro fede
ma per la tua immensa bontà.*

Prima di cominciare voglio spiegarvi come procedere alla lettura: prima di ogni capitolo, troverete alcune domande. Ciò che vi chiedo di fare è:
1) Rispondere alle domande prima di leggere il capitolo
2) Rileggere le risposte dopo aver letto il capitolo.
3) Se la risposta a fine capitolo dovesse risultare diversa riscrivetela senza cancellare la prima.
4) Se ve la sentite, inviarmi le risposte in Direct su IG

So che sono cose personali ma mi serve avere con voi un'interazione. Mi serve per capire se sto procedendo sulla strada giusta. Grazie a chi lo farà e anche a chi no.

Questo non è solo un libro, per me.
Qui dentro ho racchiuso tutto ciò che ho imparato in 6 anni di percorso spirituale.
Ti prego, non sprecarlo.

Hai imparato a sorridere, sempre, anche quando tutto sembra andare storto e ragioni per sorridere non ce ne sono.
Hai imparato a sorridere anche quando non ti senti compresa, capita o ascoltata.
Hai imparato a sorridere quando ti senti sola, messa all'angolo e abbandonata.
Sorridi perché hai conosciuto il dolore, quello vero, quello che ti toglie il respiro ed hai dovuto trovare dentro di te la forza per andare avanti.
Sorridi perché sei forte, tanto.
Ed hai capito che, sorridere, è l'unico modo per rinascere.

Quali sono, secondo te, i valori fondamentali che una persona dovrebbe avere e perché?

Cosa ricerchi in un partner?

1.

L'amore è un dono

Alcuni di noi, soprattutto dopo aver letto la dedica del libro, si staranno chiedendo come mai abbiano deciso di acquistare questo testo.
Avete letto la mia preghiera e state pensando che io sia un altro fulminato che vorrebbe farvi capire quanto è Grande l'Amore di Dio.
In realtà, quest'ultima, è una cosa che cerco di fare per davvero nella mia vita ma, non è ciò che voglio fare con questo testo e per voi.
Ho scritto quella preghiera perché, che io stia male o stia benissimo, sono abituato a pregare e prego anche per chi è in difficoltà.
Quindi, la mia preghiera non è atta ad inculcarvi la mia fede ma a proteggervi da tutto ciò che vorrebbe allontanarvi dalla vera felicità. Per favore, accoglietela.
Spero che, dopo la lettura di questo libro, tante cose nella vostra vita e dentro di voi possano cambiare.
Il mio unico obbiettivo sarà quello di farvi capire quanto amore meritate di ricevere, anche se magari pensate di non meritarne.

So che molti di noi sono turbati al pensiero di costruire una famiglia o al semplice pensiero di potersi donare completamente a qualcuno magari ancora sconosciuto o conosciuto da poco. L'ignoto ci spaventa.
Molti di noi non si sentono capaci di poter sostenere un impegno così importante e pensano che, se dovessero divenire come i propri genitori, preferirebbero restare da soli e non rovinare la vita a nessuno. Questo perché si sono sentiti feriti,

umiliati e mai sostenuti da coloro che sarebbero dovuti essere colonne portanti della nostra vita.

In realtà, lo vedremo anche dopo, ciò che sbagliamo, spesso, è proprio il fatto di pensare che gli altri siano capaci di amare solo perché hanno avuto buoni genitori; mentre noi che siamo cresciuti in un contesto familiare turbolento e abbiamo avuto genitori disfunzionali, secondo il nostro modo di vedere, non saremmo mai capaci di dare amore.
Oppure, altre volte, pensiamo addirittura di non meritare di essere amati per quello che siamo. Lo crediamo perché pensiamo che se i nostri genitori non ci hanno amati è perché a noi manca qualcosa o perché siamo sbagliati. Niente di tutto questo è vero!
Tutti noi siamo meritevoli di amore!
Tutti noi troveremo la persona giusta!
Tutti noi saremo felici!

Questo modo di pensare, insieme a tutti i vuoti, le crepe ed i lutti che ci portiamo dentro, ci porta anche ad avere una cattiva idea di noi stessi ed a farci trattare dagli altri come fossimo degli oggetti.
Ovviamente non lo facciamo in modo cosciente. Li lasciamo fare perché abbiamo una visione distorta dell'amore o perché crediamo di non meritare amore ma al contempo lo ricerchiamo in tutti coloro che ci si presentano, senza fare una cernita preventiva.
Questa tipologia di atteggiamento, a lungo andare, potrebbe farci del male e potrebbe metterci in ginocchio.
Noi lo facciamo perché siamo in buona fede ma non tutte le persone che incontriamo sono in buona fede.
Alcune di loro vogliono solo riversare il proprio dolore sugli altri o nei vizi.

Per questo bisognerebbe stare attenti.

Dobbiamo capire, innanzitutto, che chi riversa i propri problemi sugli altri, nel sesso, nell'alcool o in altri vizi non lo fa perché è peggiore degli altri ma perché crede che, tutto il dolore che si porta dentro, non potrà mai essere espiato.
Quindi, queste persone, cercano in tutti i modi di anestetizzarlo.
Non voglio giustificare chi ci ha provocato dolore, chi ci ha usati e chi ci ha distrutti ma vorrei solo che capissimo che queste persone vanno perdonate ed aiutate, se ci permettono di aiutarle.
Se queste parole ti fanno male perché sai di essere caduta/o in uno di questi tunnel, che altro non fanno che anestetizzare momentaneamente i problemi senza risolverli, sappi che nessuno è qui per giudicarti e che rivolgendoti ad uno specialista potresti sentirti e stare molto molto meglio.
A volte, basta anche sentirsi ascoltati.
Altre, invece, è necessario intraprendere un percorso ma, rivolgendoti a chi nella vita ha scelto di aiutare le persone, troverai sicuramente dei benefici e potrai finalmente sentirti amato.

Immaginate se noi stessimo annegando e sapremmo che, ormai, non c'è più speranza di sopravvivere, cosa faremmo? Tratterremmo il respiro per un po' ma poi, giunti alla conclusione che non c'è speranza, ci lasceremmo morire il prima possibile per non soffrire. Ecco cosa succede a tante persone che si perdono: credono che non ci sia speranza, che non si possa sopravvivere. Si vedono sommersi da problemi che non hanno creato loro ma dei quali hanno pagato ed ancora stanno pagando le conseguenze e quindi si lasciano morire, cercando ogni modo per soffrire meno possibile.

Il problema, però, è che i traumi non si spengono se non vengono affrontati e si ripresenteranno spesso durante la nostra vita se non avremo il coraggio di combatterli.
Si presenteranno ed andranno ad inficiare sui nostri rapporti, facendoceli vivere e vedere in modo distorto e facendoci ricercare non ciò che è giusto per noi e per la nostra felicità ma ciò che va ad assecondare le nostre paure, ovvero, qualcosa di temporaneo.
Andremo a ricercare qualcosa che può renderci felici per pochi attimi, per poco tempo, in modo tale da poterci distaccare dall'emotività e da poter agire in modo meccanico ed eviteremo tutte quelle persone che, un futuro in pace, ce lo vorrebbero dare.
Queste persone le vedremo come noiose, come non appetibili, perché non cercheremo altro, anche senza accorgercene, che amori temporanei.

Quante volte abbiamo detto o abbiamo sentito dire: "in questo momento voglio solo divertirmi"?
Io lo sento dire tante volte dai ragazzi e dalle ragazze e guardando i loro occhi mi accorgo che loro vedono il divertimento come qualcosa di bello, qualcosa che rende felici e che distrae dalla monotonia.
Mi accorgo che, molti di noi, si concentrano solo sul lato bello del divertimento e non considerano il lato negativo.
Una persona che vorrebbe amare e sentirsi amata non ha tempo per il divertimento poiché divertirsi non serve ad altro se non ad allungare i tempi di solitudine, tempi nei quali si è distanti dal vero obbiettivo della vita, l'amore.
Cercare rapporti occasionali o anche rapporti duraturi basati sul sesso e nei quali l'amore viene messo da parte non ci porta a divertirci ma a sentirci usati e sempre più distanti dalla vera felicità.

È vero che, quando si comincia, si pensa al fatto che è tutto più semplice e che non potremmo mai innamorarci ma, alla fine, uno dei due si innamora sempre e si fa del male.
Il verbo "Divertire" deriva dal verbo "Divergere", ossia, muoversi in direzioni diverse. Noi, la vera direzione, quella della felicità, la conosciamo molto bene e sappiamo bene che senza amore si sopravvive.
Perché dovremmo prendere altre direzioni?
Perché dovremmo perdere tempo prezioso?
Ci piace star male o vogliamo essere felici?

Quante volte diciamo agli altri che non riusciamo a trovare una persona seria e che voglia costruire qualcosa di duraturo?
Ci siamo mai chiesti perché questo problema ci si presenta sempre davanti? Ci siamo mai chiesti perché, intorno a noi, ci sono tante coppie sane mentre noi non troviamo un cristiano capace di amarci? E soprattutto, ci siamo mai chiesti cosa potremmo fare per evitare di incontrare solo casi umani?
La possibilità di cambiare c'è, è semplice e si chiama "introspezione".
Solo chi è in grado di guardarsi dentro e di crescere spiritualmente ed emotivamente sarà capace di cominciare e tenersi, fino in fondo, un rapporto serio e sano.
Solo chi imparerà ad amare saprà scegliere la persona giusta da mettersi accanto.
Non ci sono altri modi, mi dispiace.
Questo libro vi aprirà gli occhi su tante cose ma io vi consiglio vivamente un percorso spirituale.

Si è diffusa l'idea che sarà l'amore a venire da noi, un giorno, non si sa quando, ma tutto questo è falso.
E seppure fosse vero, saremmo in grado di riconoscerlo?
E in base a quali parametri decideremmo?

Chi ha vissuto in un contesto familiare sano, in verità, non è che sappia amare più di chi è cresciuto in una famiglia disfunzionale. Semplicemente, non avendo vissuto tante brutte situazioni, crede che sia tutto facile e di conseguenza non pone così tanti limiti o barriere tra lui e l'amore.
E sarebbe anche giusto questo ragionamento, poiché, ad amare s'impara pian piano, a piccoli passi, ma solo se si ha il coraggio di cambiare se stessi e di mettere alcune cose da parte per gli altri.
Un genitore, ad esempio, dovrebbe far girare la propria vita intorno ai figli, dovrebbe dedicare loro tempo ed energie e dovrebbe mettere da parte quella voglia di insegnare, in modo da risultare mai sentenzioso ma sempre pronto all'ascolto ed alla comprensione.
Mi rendo conto di quanto sia difficile per una persona, soprattutto se non ha avuto modo di lavorare sui propri limiti, provare ad essere un buon genitore e sicuramente, anche noi, quando avremo dei figli, avremo tante mancanze nei loro confronti senza nemmeno accorgercene.
Quindi, lasciamo stare per un poco ciò che coviamo dentro verso i nostri genitori e pensiamo alla nostra crescita.

È ovvio che, chi ha ricevuto amore dai genitori, potrebbe partire da una situazione di vantaggio rispetto a chi di amore non ne ha ricevuto ma non dobbiamo paragonarci ad altre persone, noi dobbiamo pensare solo ed esclusivamente alla nostra crescita. Osservare gli altri fa bene e ci aiuta capire tantissime cose ma, paragonarsi mai!
Non so se ve ne siete accorti ma vi sto dicendo che noi non abbiamo nulla in meno o in più a chi non ha paura di amare o di costruirsi una famiglia. Abbiamo solo avuto esperienze

diverse e queste esperienze ci hanno portato a pensare di noi cose non vere.
Quindi, la prima cosa da fare è capire che, tutti noi, te compreso/a, anche se in questo momento non ci credi, siamo meritevoli di sentirci veramente amati e protetti. Anche se fino ad ora abbiamo commesso tanti errori verso chi ci ha amato. Se ci mettiamo tutti noi stessi le cose potranno cambiare e potremo essere finalmente felici e rendere una persona felice. Il fatto che i nostri genitori non ci abbiano amati nel modo giusto o che non ci abbiano mai saputo dare attenzioni o affetto non significa, assolutamente, che noi non meritiamo di essere trattati come qualcosa di prezioso.

È proprio questo che dovremmo ricercare: qualcuno che ci tratterebbe come un tesoro e non come un'opzione, qualcuno che ci vorrebbe vedere per amarci e non per possederci, per passare del tempo spensierato con noi e non solo per il sesso. Quindi, mandiamo via tutte quelle persone che vogliono perdere e farci perdere tempo e che hanno comportamenti ambigui, che un giorno si fanno sentire e quello dopo spariscono, che fanno finta di essere impegnate ed invece parlano e vedono altre persone.
Mandiamo via, subito, tutte quelle persone che entrano nella nostra vita con lo scopo di distorcerci dal vero obbiettivo e di farci perdere solo tempo.

Chi è realmente interessato a noi, farà di tutto per dimostrarcelo, per conquistarci il prima possibile e per non perderci; ed il primo passo per fare tutto ciò sarà quello di esserci sempre, in ogni istante. Questo non perché ci debba chissà cosa ma perché è lui/lei in primis ad avere bisogno di passare del tempo con noi, perché con noi sta bene.

Una persona può ritrovarsi ad essere impegnata in alcuni momenti della giornata ma, se davvero ci tiene, il tempo lo trova.
Scusatemi se dico cose che potrebbero sembrare scontate ma, a volte, per inseguire ciò che vorremmo, ci dimentichiamo di noi stessi e del nostro valore e ci facciamo trattare come stracci.
Perciò, per ovviare a questo problema, dobbiamo imparare in primis ad amare noi stessi e dobbiamo capire quello che è il nostro valore.

Amarsi non significa solo prendersi cura del proprio corpo, vestirsi bene, truccarsi, indossare gioielli orologi o vestiti costosi ecc. Amarsi significa arrivare alla concezione di quello che valiamo e di quello che dovremmo o non dovremmo accettare per noi e per la nostra felicità.
Amarsi significa capire che agli altri va insegnato come ci dovrebbero trattare e saper andare via davanti alle situazioni che ci provocano malcontento.
Amarsi significa guardarsi allo specchio e dirsi "Io mi piaccio nonostante abbia tanti difetti", accettarsi soprattutto per i propri limiti e capire che, agli occhi di chi ci ama, siamo perfetti.

Spesso, siamo spaventati dall'idea di sentirci amati.
La vita ci ha insegnato che tutto prima o poi finisce, amore compreso, e che non ci si dovrebbe fidare di nessuno.
Noi, tutti, siamo in questo preciso luogo, con questo testo tra le mani, solo ed esclusivamente perché, dal nostro cuore emerge un forte grido di aiuto; un grido che da troppo tempo cerchiamo di silenziare.
Vorremmo sentirci amati e vorremmo donare a qualcuno tutto l'amore che a noi non è mai stato dato.
Abbiamo dentro tanto amore da dispensare e vorremmo trovare qualcuno disposto ad accoglierlo.

Quando ci proviamo, però, ci si mette di mezzo la paura di non poter dare a qualcuno quello che merita. Entra in gioco la paura di non essere all'altezza degli altri o di non essere capaci, un domani, di poter sostenere il peso di una famiglia o di sopperire a dei bisogni di futuri figli.
Tutte queste paure, a volte, fanno si che noi troviamo una scusa banale per scappare e rifugiarci di nuovo nella nostra zona di comfort o zona di solitudine, dove nessuno potrà farci del male e dove non potremo fare del male a nessuno.
Questa scelta, però, porta come controindicazioni la solitudine, l'infelicità ed il sentirsi come bloccati in una fase di stallo dove ci si sente quasi inutili.
Ci sentiamo così perché, in cuor nostro, sappiamo benissimo che una vita senza amore non è una vita degna di essere vissuta. Lo sappiamo bene perché, solo quando ci siamo sentiti veramente amati, solo in quei momenti che sono stati temporanei nella nostra vita, abbiamo conosciuto la felicità.
Siamo stati traditi o abbiamo tradito, siamo stati umiliati o abbiamo umiliato, ma quei momenti nei quali davvero ci sentivamo protetti e amati non li dimenticheremo mai e poi mai; solo che abbiamo conosciuto anche il lutto dell'abbandono o del tradimento oppure ci portiamo dentro sensi di colpa per il dolore provocato ad altre persone e questo ci frena dal provare a riaprire a qualcuno il nostro cuoricino.

Amare, soprattutto ai tempi d'oggi, è una scelta molto difficile, ma anche una scelta rivoluzionaria.
Vediamo tante coppie separarsi, tante persone che all'inizio sembrano a noi tanto interessate ma che all'improvviso spariscono, tanti ragazzi e ragazze che promettono di essere seri e che poi tradiscono i propri partner e chi più ne ha più ne metta. Tutte queste situazioni ci fanno pensare che forse è

meglio restare single o divertirsi semplicemente come oggi spesso fanno le persone. Ma questa è una scelta per noi giusta?

Il nostro cuore, in più di un'occasione, ci ha fatto capire che, nonostante fingiamo di essere forti, abbiamo un enorme desiderio di sentirci amati e di poterci fidare ciecamente di qualcuno.
Siamo stanchi dei rapporti brevi, stanchi di ricominciare ogni volta da capo sapendo già che, prima o poi, saremo abbandonati o scapperemo e vorremmo ovviare a questa difficoltà che ci prende allo stomaco o alla gola.
La solitudine ed il non sentirsi amati, a volte, ci porta addirittura ad avere attacchi d'ansia o di panico o alla depressione.

Siamo, ormai, così tanto abituati a credere che niente sia gratuito che pensiamo che per ogni cosa che riceviamo dovremmo dare qualcosa in cambio. E se troviamo una persona che veramente vorrebbe amarci non le crediamo o abbiamo paura di non meritare un vero amore, perché non sapremmo ricambiarlo.
Siamo stati delusi troppe volte, troppe persone non hanno tenuto fede alle promesse fatte e troppi di noi si portano dentro ferite apparentemente incolmabili che li fanno star male solo al pensiero di aprire di nuovo il cuore a qualcuno.
Molti di noi provano rabbia quando gli viene detto che dovrebbero innamorarsi e crearsi una famiglia e si nascondono dietro un dito, dietro la scusa che si può star bene anche da soli.
Molti di noi vorrebbero amare e ci hanno provato tante volte ma sono sempre stati delusi o hanno solo saputo deludere.
Fatto sta che, se abbiamo deciso di leggere questo libro, se questo testo ci ha scelti, è perché esiste ancora una possibilità di amare e di sentirci davvero amati.

Tutto ciò che vi chiedo è un poco di umiltà nel far tesoro delle mie parole ed un poco di fiducia nei miei confronti.
Questo testo, in alcuni punti, potrebbe provocarvi dolore o portarvi a sentire rabbia. Sappiate che è tutto normale e che non dovete prendervela con me o con voi stessi.
Gli errori li commettiamo tutti e li commetteremo sempre ma ciò che può farci migliorare è l'umiltà di ammetterli per poi provare a non rifarli.
Provare ad agire come io scriverò in questo libro non vi costerà nulla se non dei piccolissimi sacrifici. Sacrifici che sono nulla rispetto a quello che potreste guadagnarci.

Chiudiamo per un attimo gli occhi e ripensiamo al momento nel quale ci siamo sentiti più amati nella nostra vita. non pensiamo al dopo, al come è andata a finire, pensiamo solo ed esclusivamente a come ci siamo sentiti in quel momento.
Sono sicuro che, tutti noi, daremmo di tutto pur di sentirci di nuovo così in pace. Io, in questo momento, vi chiedo solo il coraggio di affrontare le vostre paure.

Ognuno di noi vorrebbe sentirsi davvero amato e sono sicuro che, per ognuno di noi, l'amore vero arriverà presto.
Noi, nel frattempo, vediamo come crescere per far si di sceglierlo bene e non essere abbandonati e di non avere paura e scappare.

Sin da subito vi dico che nessuno, me compreso, è capace di amare e che l'amore, quello vero, è un dono che ci viene fatto da colui che io chiamo Dio ma che per voi potrebbe essere l'universo, la vita o tutto ciò che volete.
Non sono qui per inculcarvi il mio credo ma per cercare, per quel che posso, di migliorarvi la vita.

Da questo concetto evinciamo il fatto che noi non verremo o non siamo amati per nostro merito o per le nostre opere ma perché, questo amore, ci è stato donato per renderci felici. L'unica cosa che possiamo fare, non per meritare questo amore ma per far si di divenire persone capaci di amare il dono che ci verrà fatto, è quella di cercare di crescere emotivamente spiritualmente ed umanamente il più possibile.
Pensiamo per un attimo ai nostri genitori: per quanto possano aver commesso degli errori nei nostri confronti e per quanto possano, a volte, averci provocato dolore, nella maggior parte dei casi, loro ci hanno donato un amore incondizionato e gratuito. Ci hanno amati e cresciuti senza volere o chiedere nulla in cambio ed è proprio questo che noi dovremmo imparare a fare: amare in modo gratuito.

Crescere emotivamente significherà avere un punto di vista più ampio sull'amore e sul sesso e, soprattutto, avere una migliore capacità di gestire tutte quelle che saranno le nostre emozioni. Rabbia, stupore, felicità e tante altre emozioni che, a volte, ci fanno fare o dire cose delle quali poi ci pentiamo, saranno gestite nel modo migliore possibile e fidatevi che, i nostri rapporti, diverranno migliori e più pacifici.

L'amore è fatto di connessioni, l'essere umano è fatto di connessioni, ogni tipologia di rapporto è fatto di connessioni. Questo significa che, nella nostra vita, ci connetteremo quasi sempre con persone che hanno la nostra stessa maturità emotiva e spirituale. Lo facciamo senza accorgercene e lo facciamo perché più è forte l'affinità e più stiamo bene con quella persona.
Se ci facciamo caso e pensiamo alle nostre amicizie, vedremo che quasi tutti i nostri amici sono molto simili a noi e che, stesso all'interno del gruppo di amici, abbiamo connessioni più

forti con alcuni rispetto ad altri. Questo in virtù del fatto che, senza rendercene conto, scegliamo di chi contornarci e chi tenere alla larga da noi.
Se una persona è emotivamente troppo avanti ci annoierà con discorsi per noi troppo complicati e se è troppo indietro sarà vista da noi come poco matura.

Risulta importante crescere emotivamente e spiritualmente proprio perché ci aiuterà, in futuro, a connetterci con una persona a noi pari e quindi più saremo cresciuti emotivamente, più il nostro rapporto risulterà pacifico e maturo.
Non so se avete mai avuto esperienza di quelle coppie che quando litigano, per orgoglio, non si parlano per 10 o più giorni; secondo voi, chi assume questi atteggiamenti è una persona emotivamente matura?
Infatti non si tratta di orgoglio ma di voglia di prevalere sull'altra persona e non è una cosa molto sana per una coppia.
Questo è solo un esempio di come l'immaturità emotiva può nuocere ad un rapporto e può far si che, dopo tante lotte, uno dei due si stanchi e se ne vada via; soprattutto se in lui è scattata una crescita che nell'altra persona non vede.
Viceversa, i litigi in una coppia matura, sono funzionali alla crescita dei singoli e della coppia stessa e non fanno del male a nessuno dei due visto che, dopo poco, col dialogo, vanno a concludersi in modo maturo e pacato.
Sarebbe importantissimo cercare di crescere insieme il più possibile e cercare di affrontare insieme tutte le sfide che capitano durante il cammino di coppia, anche se non sempre è facile.

Se c'è qualcosa che ti ha colpito in modo particolare di questo capitolo, puoi scriverlo qui in modo da ricordartene.

*Io scelgo di frequentare persone serie.
I malesseri li lascio agli altri.*

Come gestisci i conflitti?

Cosa cambieresti del tuo passato e perché?

2.

Vuoi una semplice storia o un amore vero?

Dovremmo stare attenti a non cadere nel tranello dell'osservare gli altri e confrontarci con loro. Questo può essere deleterio sia per chi non crede in se stesso ma anche per chi, in se stesso, ci crede fin troppo.
Ormai viviamo nell'era del "Vivere sano" e questo ci porta, per l'appunto, a mangiare sano, ad allenarci e a vivere in modo quanto più sano possibile.
Vogliamo sentirci belli e desiderati, ci sta.

Ovviamente, sentirsi belli, vedersi bene, mostrarsi sicuri è importante per noi ma dovremmo sempre stare attenti a non innalzarci su un piedistallo e a non aspettarci di trovare, per forza, una persona uguale a noi.
Dico queste cose perché, spesso, mi accorgo che ognuno vorrebbe trovare un partner con stessi interessi e allo stesso livello ma ci dimentichiamo che è bello anche avere accanto una persona diversa da noi e con interessi diversi.
Questa cosa potrebbe farci crescere e potrebbe far crescere l'altro, poiché mette sia noi che il nostro partner dinanzi a sfide continue.
Inoltre, è anche bello poter spiegare i nostri interessi e poter far provare nuove sfide al proprio partner e viceversa.
Per questo vi consiglio di cercare una persona che abbia i nostri stessi valori e non i nostri stessi interessi.
Sono i valori che tengono insieme due persone per sempre e non i soli interessi comuni.

Senza valori comuni non si potrà andare avanti per molto poiché, col tempo, la differenza si farà sentire e vedere nelle scelte e nel modo di vivere.
Senza interessi comuni, invece, ci si può benissimo adattare.

Prima di cominciare un nuovo rapporto, dovremmo chiederci se siamo pronti per una semplice storia o per un amore vero.
Per vivere un amore vero, bisognerà combattere insieme tante battaglie, attraversare insieme tanti dolori e se non si hanno gli stessi valori, davanti alle difficoltà e ai cambiamenti della vita, ci troveremo a doverci separare, per forza di cose.

Ognuno vive le sue battaglie e anche se dovessimo trovare qualcuno che vive o ha vissuto le nostre stesse battaglie, potrebbe aver reagito o reagire in modo diverso rispetto a noi.
Quindi, è molto difficile trovare una persona che possa essere perfetta e più noi ci vediamo e sentiamo perfetti, meno saremo capaci di accettare gli errori e i difetti degli altri.
Bisogna crescere, in tutti i sensi, ma rimanendo umili.

Affinché possiamo vivere un amore vero serve un progetto comune, una volontà comune di voler stare insieme per sempre a fatti e non solo con le semplici parole.
Le parole non sostengono i progetti, i sacrifici sostengono i progetti, la disciplina e la pazienza sostengono i progetti.
Quindi, prima di cominciare una nuova relazione e rischiare di perdere o far perdere del tempo chiediamoci se con quella persona potremmo viverci per sempre.
Tanto lo capiamo sin da subito.

Più diveniamo belli e appetibili agli altri, più persone ci vorranno e più il nostro ego salirà in alto.
È una cosa buona? Se la gestiamo sì, altrimenti no

È una cosa buona perché ci rende sicuri di noi, ripaga i nostri sacrifici e ci immette felicità e gioia ma potrebbe diventare, se non stessimo attenti, controproducente.
Essere desiderati da tante persone, inevitabilmente, ci porterà ad essere desiderati anche da chi vorrebbe solo usarci.
Anzi, per lo più, saranno proprio queste persone le prime a volerci, perché è solo il lato esteriore che considerano.
Ma come possiamo combattere questo problema?
Basta non perdere mai di vista l'obbiettivo.

Molti di noi hanno combattuto, da soli, tante battaglie e nonostante le abbiano vinte, si portano appresso gli strascichi del dolore sotto forma di stanchezza spirituale. Nonostante questo, ci mostriamo agli altri sempre forti, sempre sorridenti, imbattibili.
Questa è una cosa che riguarda anche me e che mi ha fatto notare che, chi è forte, viene visto dagli altri come uno senza problemi.
Anche se, in realtà, ha sempre avuto più problemi degli altri, chi si mostra forte, attira la gelosia e il giudizio di chi forte non lo è e questa cosa ci fa sentire soli e non capiti.

Spesso, veramente tanto spesso, mi viene detto: "Cosa ne sai tu dei problemi, basta che scrivi un libro ti arrivano un sacco di soldi". Questo perché io cerco di essere sempre sorridente ed uno dei miei obbiettivi di vita è proprio quello di alleggerire la vita degli altri.
A quanto pare, questa cosa non va a genio a tutti.
Molti di loro, che mi dicono frasi del genere, non hanno mai provato cosa significa vedere il proprio padre entrare in una sala operatoria, per un'operazione difficilissima, sapendo che potrebbe uscirne morto. Non sanno cosa significa aspettare su una sedia di ospedale per sei ore che il loro papà, il pilastro più

importante nella vita di un uomo, esca da quella sala e non sanno come ti cambia la vita avere un padre malato.

Non sanno cosa significa doversi recare spessissimo in ospedale per le visite più svariate, vedere tuo padre che era per te la colonna portante, il tuo supereroe, avere negli occhi la paura di abbandonarti.

Non potranno mai sapere nemmeno cosa significa vedere, almeno 1/2 volte l'anno, tuo padre soccombere e doverlo portare al pronto soccorso sperando che i medici possano fare qualcosa per salvarlo.

Molti, quando ti vedono forte, sorridente, non capiscono che se vorresti far sorridere gli altri è solo perché hai conosciuto il dolore più di chiunque altro. Molti, a volte anche i partner, ci vedono forti e mettono i loro problemi davanti ai nostri e non cercano di comprenderci, perché ai loro occhi siamo forti.

Non capiscono che anche chi è forte ha dei momenti di crollo e dei momenti nei quali avrebbe bisogno di un semplice abbraccio o di una carezza che arriva al cuore.

Spesso, chi è forte, viene dato per scontato.

Pensano che non abbiamo bisogno di ascolto, di una parola di conforto o della semplice vicinanza di qualcuno.

Prendiamoci cura di noi e soprattutto cerchiamo una persona che possa scendere nel profondo di noi e che possa capire quando siamo stanchi, quando avremmo bisogno di aiuto ma non lo sappiamo chiedere e quando arriva il momento nel quale siamo noi a doverci sentire protetti.

Non scrivo questa parte di testo per raccontare i miei problemi o per fare la vittima. Ringrazio Dio ogni giorno per avere ancora mio padre, per poterlo abbracciare e per potergli parlare. Tutti i sacrifici che faccio per lui, tutte le volte in cui mi metto da parte per i suoi bisogni li benedico, perché mi portano ad averlo ancora con me.

Scrivo queste parole perché so che molti di voi vivono la mia stessa situazione e non si sentono compresi o ascoltati, anzi, devono essere sempre loro a dover comprendere o ascoltare.
Se vi vedranno forti e sorridenti, penseranno che siete persone che non hanno bisogno di cure ma solo il dovere di curare.
Tenete alla larga queste persone e cercate chi vi sappia concedere riposo spirituale, senza che glielo chiediate.
Anche questo è amore.

Un altro discorso, secondo me molto importante, riviene dal sentir dire spesso dalle persone che, guardandosi in giro, si sono accorte che è davvero difficile trovare persone serie, emancipate, mature o belle come loro e che una persona dovrebbe fare di tutto per renderle felici perché si sentono perfette e perché se non si sentono in un ambiente che le mette in luce preferiscono andarsene.
Ecco, non cadiamo in questo falso mito che è anche frutto di tutti i video di psicologi che vediamo e che rigiriamo a modo nostro. Stiamo attenti a come percepiamo i discorsi dei professionisti, perché non abbiamo le loro stesse basi e rischiamo di capire tutt'altra cosa.
Quando si dice che se in un ambiente non si sta bene si deve andare via, si intende un ambiente che ci fa male non un ambiente sano dove ogni tanto capitano litigi.
Quando si dice che bisogna andare via da dove non si sta bene si intende di andare via da situazione di oppressione e violenza o comunque situazioni tossiche non di andare via perché il nostro o la nostra ragazza è in un periodo difficile e non gli va di uscire e ci sentiamo annoiati.

Il mondo dei socialmedia ha letteralmente sconvolto il nostro modo di agire e di pensare e per quanto noi vogliamo negarlo,

la società, è ormai frutto di dettami che ci vengono inculcati giorno dopo giorno, storia dopo storia, post dopo post.
Questo fenomeno ha avuto un duplice impatto sulle persone: la minor parte della gente abiura i social per paura di essere plasmata ma la maggior parte di noi non si rende conto di quanto siano un mezzo potente per "comandare" il cervello di alcune persone.
Non dico che i social siano qualcosa da evitare e nemmeno che dovrebbero essere vietati ma penso che bisognerebbe scegliere bene chi ascoltare.
Io stesso coi social ci lavoro e li utilizzo per arrivare sempre a più persone con le mie frasi ed i miei pensieri.
I social sono un mezzo e come tutti i mezzi possono essere utilizzati per svariati fini.
In questa maggior parte che vive i social, molti scelgono di usarli nel modo più intelligente: ovvero per imparare cose nuove e per informarsi molto più velocemente rispetto ad un televisore e soprattutto in qualsiasi orario.

Basti pensare che tantissime aziende di cosmetici o altro non si affidano più all'ormai obsoleta pubblicità in televisione ma optano per le/gli Influencer. Questo perché questo tipo di pubblicità comporta un costo minore per l'azienda e permette, allo stesso tempo, di colpire un pubblico caldo rispetto al pubblico più freddo della pubblicità televisiva.
Un pubblico caldo è un pubblico che si fida e che segue ciò che una persona dice.
Ergo, se la mia influencer preferita, quella che seguo perché a differenza mia è bellissima e perfetta, viene pagata per dirmi che la crema che usa nella sua skin-care quotidiana fa miracoli io non solo comperò la crema per sentirmi bella come lei ma, soprattutto, anche se quella crema non mi può dare l'effetto che desideravo, sono così tanto eccitata dalla semplice idea di

assomigliarle che nemmeno me ne accorgo e la consiglio a tutte le mie amiche.
Sto sicuramente estremizzando e non lo faccio per sottovalutare gli altri, anzi, sono sicuro che, alcuni di noi, sono molto più forti di questi tentativi ma fidatevi che molte persone cadono nel tranello delle pubblicità e sperperano soldi per il nulla.

Ovviamente non tutte le Aziende agiscono in questo modo, anzi, tante offrono prodotti o servizi che migliorano la nostra vita. Ma il punto è un altro:
Io ho la sfortuna/fortuna di essere nato molto prima di alcuni di voi che leggerete questo libro e posso dirvi che, avendo vissuto il prima dell'avvento dei social riesco a fare distinzione tra come era la vita prima e come si vive adesso.
Ora non voglio fare il vecchio che asserisce che si stava meglio prima o dire altre scemenze, i social sono uno strumento, lo abbiamo detto prima. Possono farci risentire persone che ormai sono distanti, portare messaggi positivi nella vita degli altri ecc.
Il discorso, però, vuole vertere sul fatto che lo stile di vita, dopo l'invenzione dei social, è molto cambiato.
Oggi, purtroppo, si vive in base a degli standard da seguire.

I nostri livelli di attenzione e di soddisfazione si sono abbassati di gran lunga. Basti pensare che, in genere, ogni tre secondi scrolliamo un video o una foto e questo abbassamento del livello di soddisfazione si riflette anche nei nostri rapporti.
Inoltre, l'uomo deve essere bello, intelligente, acculturato, scolpito, deve vestire bene, mangiare in un certo modo e deve soprattutto sapere in modo chiaro cosa vuole dalla vita e in che modo potrebbe portare avanti la propria famiglia.
La donna deve lavorare, deve fare carriera, deve andare in palestra per costruirsi un bel sedere tonico, deve vestire in modo sexy, mangiare bene, essere aggraziata e tanto altro.

Ai miei tempi, ragazzi, a tutte ste stronzate, perdonatemi la parolaccia, manco si pensava. Non c'erano così tanti esempi da seguire, non c'era tutto questo stress per la corsa ad essere il più o la più bella del reame e soprattutto ci si innamorava della persona e non di quello che aveva o che ti poteva dare.
Non fraintendetemi, non sto dicendo che voi siete quella tipologia di persona che prima di innamorarsi guarda lo stato patrimoniale di un eventuale partner e sono cosciente del fatto che questo discorso varia da persona a persona.
Voglio mettervi in guardia, però, sul fatto che potreste venire condizionati dall'ambiente esterno e cominciare a ragionare in modo sbagliato, perdendo di vista l'amore.

Anche le persone che per voi sono importanti, come amici o genitori, potrebbero essere uno dei motivi per i quali tutti quelli che incontrate vi sembrano dei buoni a nulla.
Perché magari vorrebbero vedervi con una persona bella, intraprendente e ricca ma questo non è amore.
Vi prego di ragionare sempre e solo col vostro cuore, perché solo lui conosce la verità delle cose e di farvi consigliare il meno possibile da persone esterne alle vostre relazioni.
Ve lo chiedo perché ho visto tanti amori finire per via di genitori o fratelli gelosi che non facevano altro che mettere pulci nell'orecchio e cercare di dissuadere dalla felicità.
Non ho nulla contro i vostri o i miei genitori o amici o parenti e non voglio parlarvi male di loro ma voglio rendervi coscienti del fatto che dobbiamo essere liberi di scegliere il nostro destino e prenderci le nostre responsabilità.

Spesso pensiamo che in un rapporto perfetto ci debbano essere pochi confronti, pochi litigi e tanta comprensione.

In realtà, i confronti sono crescita e se li andiamo a raccontare ai nostri genitori o amici, loro potrebbero vederli in modo diverso dalla realtà e consigliarci cose sbagliate. Nessuno dovrebbe consigliare agli altri poiché non si trova nella situazione.
Se ci si vuole sfogare, bene, ma non chiedete mai dei consigli a chi non vive la situazione sulla propria pelle o vi ritroverete a commettere degli errori e ad allontanarvi dalle persone senza nessun motivo.
Inoltre, noi dimenticheremo il litigio, mentre le persone esterne lo terranno sempre a mente e cambieranno il modo di vedere il vostro partner.

Ci capita, ogni giorno, più volte al giorno, di imbatterci in profili di persone che sembra abbiano ottenuto successo e che pare conducano una vita idilliaca.
Ragazzi e ragazze con un fisico scolpito, un viso perfetto, vestiti di marca, orologi ed auto costosissime…
La prima cosa che ci viene o che un tempo c'è venuta da pensare, ne sono certo, è che loro sì che sono felici, loro sì che hanno la possibilità di godere della vita.
C'è questa voglia da parte di tutti di dimostrare che ce l'hanno fatta e che sono felici ma, a dire il vero, chi davvero ce l'ha fatta, chi davvero è felice, non ostenta.
La felicità è qualcosa che viene da dentro e non si rifà assolutamente alla materialità. Sì, i soldi servono, ma ho visto, nella mia vita, tantissime persone ricche vivere in tristezza e solitudine. Questo perché ci attacchiamo all'idea del volere sempre di più e ci dimentichiamo di ringraziare il cielo per tutto quello che ci è stato dato.
Il primo passo per essere felici, secondo me, è quello di ringraziare per ciò che si ha e smettere di pensare a tutte quelle cose che vorremmo e che nemmeno ci servono.

Smettiamola di desiderare un corpo perfetto, di desiderare una vita perfetta, una casa perfetta, dei genitori o partner perfetti.
La perfezione non esiste e non esisterà mai.
È l'amore a rendere tutto perfetto.
Nemmeno la vita di chi vorrebbe dimostrare di avercela fatta è perfetta, la vita di nessuno di noi è perfetta e tutti noi abbiamo ed avremo sempre dei problemi.

Se c'è qualcosa che ti ha colpito in modo particolare di questo capitolo, puoi scriverlo qui in modo da ricordartene.

Non un sentimento che col tempo può finire ma un amore vero, vissuto come stile di vita.

Quale consiglio daresti a te stessa da bambina?

Quali sono le tue passioni?

3.

Quanto amiamo gli amori impossibili.

Se c'è una cosa che ho capito in 35 anni di vita è che, chi davvero a noi ci tiene, non scappa e non ha assolutamente bisogno di allontanarsi per pensare o di prendersi delle pause dal nostro rapporto per ritrovare se stesso e capire cosa vuole o cerca da noi o dalla vita.
Chi ci tiene davvero non vuole farsi inseguire, non è ambiguo, non sparisce e poi ricompare all'improvviso e non assume comportamenti che potrebbero portarci a stare male.
Tutte queste situazioni o sensazioni vengono a chi, per un motivo o per un altro, ha già capito che vuole allontanarsi e magari non ha il coraggio di dircelo o semplicemente non vuole perdere la nostra presenza nella sua vita.
Magari siamo stati o ancora siamo una persona importante ma la verità è che non lo siamo abbastanza, altrimenti, l'allontanamento non avverrebbe o non sarebbe avvenuto.

Spesso, soprattutto negli ultimi anni, ascolto le persone raccontarmi le loro situazioni sentimentali e posso dire di averne vissute tante, anche perché le faccio mie ed arrivo a sentirle fin sopra la mia stessa pelle.
Mi chiedo spesso come si faccia a restare mesi o addirittura anni in una relazione che non è reciproca, come si faccia a restare ad elemosinare amore e a donare tutto il nostro amore ad una persona che amore non ne accetta e non ne vuole.

La risposta l'ho trovata e sono qui per porgervela:
Lasciamo agli altri la possibilità di farci del male, di andare e tornare quando gli pare e di comportarsi con noi come fossimo un oggetto, perché ci portiamo dentro un vuoto che riviene da

una mancanza di amore. Per questo ci aggrappiamo a quella persona e ne diventiamo dipendenti, perché in lei abbiamo trovato, secondo noi, l'amore che mai nessuno ci aveva saputo dare e sempre secondo noi, mai nessuno potrà darci lo stesso amore.
Il modo di uscirne è giungere alla consapevolezza del fatto che nessuno, e dico nessuno, potrà mai colmare il vuoto che ci portiamo dentro per le mancanze dei nostri genitori.
Nessuno se non noi stessi.
Fino a quando non saremo in grado di colmare quel vuoto, saremo sempre dipendenti da altre persone e non vivremo mai un rapporto o una vita sana.
Io proverò a darvi qualche dritta ma se siete in questa situazione, fatelo per me, rivolgetevi ad un professionista.

So che, ad alcuni di noi, solo il pensiero di perdere il partner provoca un dolore atroce e mette tanta ansia. Questo perché, spesso, come dicevamo prima, ci aggrappiamo alle persone e all'idea che loro possano colmare dei vuoti dentro di noi.
Dovremmo capire, innanzitutto, che le persone non ci appartengono e non ci apparterranno mai. E poi che i vuoti che ci portiamo dentro possono essere colmati solo da noi sessi e da nessun altro.
Dovremmo concepire il fatto che, prima di essere coppia, siamo stati e siamo individui singoli, con idee diverse e diversi modi di vedere su tantissime cose.
Questo significa che, il nostro partner, per quanto possa impegnarsi, non sempre riuscirà a capire ciò che è giusto per noi e non sempre sarà in grado di starci accanto nelle situazioni difficili. Ci proverà, sicuramente, ma non sempre otterrà il risultato sperato. Inoltre, caricare il nostro partner delle nostre paure, ansie e responsabilità non farà bene né a lui né al rapporto e lo metterà in una situazione di pesantezza.

Crediamo che i nostri partner si debbano comportare con noi come se fossero i nostri genitori: la donna vorrebbe un uomo protettivo come il padre e l'uomo una donna come la madre.
I nostri partner non sono i nostri genitori e non possono fare le veci di un genitore che non ci ha amati e non si è preso cura di noi. Li carichiamo di responsabilità non loro e poi ci lamentiamo se scappano via...
Se nostro padre non ha saputo amarci ed abbiamo bisogno di tante attenzioni in più rispetto agli altri, non possiamo pretenderle dal partner. Abbiamo bisogno di capire il perché di questo eccessivo bisogno e dobbiamo essere noi a farlo non riversare le nostre responsabilità sugli altri.

Poi, un distacco potrebbe sempre capitare. E se capita, pazienza, significa che quella non era la persona giusta o che noi non eravamo giusti per quella persona.
La differenza sta nello scegliersi ed è per questo che è importante conoscersi bene prima di fidanzarsi o andare a vivere insieme e mettere al mondo dei figli.
Stare in coppia porta a fare cose divertenti ma, la maggior parte delle cose che si faranno, sono cose "noiose": spesa, pizza da soli, passeggiata da soli...
È proprio quando, anche facendo cose comunemente noiose non ci si annoia mai che si ha una buona base di partenza.
Molte coppie invece, cercano di riempire i momenti di noia col sesso e poi, dopo qualche mese, cala la libido e ciao.

Io come molti di voi sanno, ho una visone della vita prettamente cristiana. In realtà, io, la definisco più Cristocentrica. Ovvero, Cristo è al primo posto e al centro della mia vita. E, nonostante ciò, sapete quante me ne sono capitate di occasioni di sesso occasionale o di situazioni in cui avrei

potuto cominciare un rapporto dal sesso. E, credetemi, senza peli sulla lingua, ho detto di no non perché non volessi ma perché non era giusto nei miei confronti.
Sono riuscito a fuggire da queste situazioni perché avevo avuto una crescita spirituale che mi permetteva di capire che strada stessi per intraprendere e quale tipologia di rapporto stesse per nascere.
Io non giudico nessuno, vivete come volete, non dovete darmi conto di nulla ma, vi prego, non cominciate i rapporti dal sesso e non fate sesso occasionale perché vi farete solo del male.
So che è difficile rinunciare ma se evitiamo le occasioni ce la si fa alla grande.

Nella mia mente non è mai stata, o quasi mai, contemplata l'idea di andar via da una relazione.
Eppure, anche a me è capitato di essere stato abbandonato.
Non si tratta di orientamento religioso ma di modo di vivere.
Altre volte, invece, mi sono visto costretto a scappare da situazioni che non mi facevano stare bene e mi mettevano tanta ansia.
Credo che capiamo quando siamo nel posto giusto nel momento in cui sentiamo la pace e sentiamo di poterci fidare.

I libri che abbiamo studiato a scuola, i film che abbiamo guardato in televisione, i romanzi che abbiamo letto nella pubertà o anche in età più adulta, ci hanno dato una visione dell'amore un poco contorta, soprattutto se confrontiamo le scene che hanno vissuto i vari personaggi di quei libri o film con noi ed il nostro modo di vivere.
È come se ci avessero insegnato che l'amore si ottiene lottando ma questa visione dell'amore non è assolutamente vera.
Non dico che ci hanno fatto del male ma che ci hanno reso, forse, troppo sognatori e checché se ne dica, in amore, bisogna

anche saper usare un poco di razionalità se non ci si vuole distruggere, soprattutto nell'era in cui viviamo.

Saper distinguere, a priori, quelle che sono le reali intenzioni dell'altro, ci aiuterà a gestire al meglio la situazione e a dosare la quantità e la qualità delle emozioni che siamo disposti a mettere sul tavolo.
Immaginate l'inizio di una relazione proprio come un gioco di ruolo dove entrambi i giocatori mettono in gioco tutte le carte migliori che hanno a disposizione.
Voi, se voleste vincere ad un gioco ammettereste di avere carte inutili nel vostro mazzo o prendereste subito quelle più forti?
La risposta è facile e allo stesso modo un narcisista, quando vi conosce, non vi dice che è un altro caso umano… dovremo essere noi quelli capaci di riconoscere e allontanare questa tipologia di persone.

Spesso sento dire ai ragazzi che, quando si tratta di amore, non bisogna essere razionali e che, invece, bisogna ragionare solo ed esclusivamente col cuore, senza pensare ai rischi, vivendo ciò che viene, giorno per giorno.
Ecco, secondo me, questo modo di pensare risulta inutile e deleterio. Non solo perché non ci permette di ragionare in modo lucido ma anche perché ci lascia concedere possibilità a persone che, potenzialmente, potrebbero essere distruttive.
Forse, in adolescenza, viviamo l'amore in modo troppo leggero e poi, cresciamo con la convinzione che possa solo farci del male e che, in realtà, è solo un'invenzione degli uomini.
L'amore, invece, è qualcosa di molto più profondo di quello che pensiamo, qualcosa che viene dalle viscere e che corrompe non solo il cuore ma anche la nostra parte spirituale. Per questo, prima di dare una possibilità ad una persona,

dovremmo conoscerla molto bene e non dovremmo basarci solo sull'aspetto fisico o su quella che è la prima impressione.

Una volta che ci siamo legati, soprattutto se stiamo già provando un sentimento, lo slegarsi da quella persona risulterà molto più difficile poiché gli avremo già donato la nostra parte interiore e spirituale

Sapete qual è la differenza tra chi sa riconoscere i casi umani e chi no? Che chi non li riconosce, quando vede che le attenzioni vengono tolte e si comincia solo ad essere ignorati, vengono colpite nell'ego e sentono dentro un senso di vuoto che possono colmare soltanto rincorrendo quella persona che all'inizio faceva finta di tenerci. Si iniziano a fare domande su cosa hanno sbagliato, si chiedono se avessero dovuto comportarsi in modo diverso in determinate situazioni e si mettono la dignità sotto ai piedi, inutilmente.

Tutte quelle persone che vogliono farsi inseguire, tutti i ragazzi e le ragazze che ci danno attenzioni in modo discontinuo sono per riceverne in cambio il doppio o il triplo, tutte le situazioni nelle quali ci ficchiamo solo perché abbiamo una visione idilliaca dell'amore o perché siamo ossessionati dal pensiero che lui o lei debbano per forza divenire l'uomo o la donna della nostra vita, mi dispiace dircelo, ma sono solo illusioni dettate da un'idea sbagliata di amore che ci è stata tramandata e che col tempo ci porterà solo ed esclusivamente a stare male.
Il bello sarà che l'altra persona, in alcuni casi, nemmeno si accorgerà del nostro dolore. Perché non ricambia e non pensa che alla propria vita, come giusto che sia.

È stato dimostrato scientificamente che, quando conosciamo una persona, impieghiamo solo 7 secondi per capire cosa

vorremmo da lei e cosa potrebbe essere o divenire nella nostra vita e sono sicuro che se ripensiamo a quando abbiamo conosciuto qualsiasi persona che è entrata nella nostra vita, abbiamo subito avvertito o non avvertito una sorta di attrazione fisica o mentale.
Certo, in alcuni casi la cosa potrebbe non palesarsi sin da subito ma questa tipologia di casi sono tanto rari e riguardano momenti della nostra vita nei quali non siamo abbastanza lucidi da capire o pensare a determinate situazioni della nostra vita.

Quindi, se una persona non ci risponde ai messaggi e se ne sta per i fatti suoi ma ogni tanto ci contatta e ci chiede scusa inventando che era impegnata, se non ha mai un pensiero per te ma quando vi vedete in comitiva ti osserva o ti punzecchia, se ti guarda le storie e ti mette i cuori ai post ma si ferma solo a quello, scappa! Perché sei dinanzi ad una persona che da te non vuole amore ma solo attenzioni per aumentare il proprio ego.

Qualcuno potrebbe parlare di corteggiamento ma, secondo il mio punto di vista, anche il corteggiamento deve avere un limite di tempo e deve finire immediatamente nel momento in cui sentiamo che stiamo per perdere la nostra dignità.
Non abbiate paura di perdere le persone.
Le persone non ci appartengono.
E se una persona a noi ci tiene, nel momento in cui vede che sta per perderci, ci viene a cercare. Se, invece, non ci tiene non avremo perduto nulla se non ciò che non ci appartiene e che cerchiamo inutilmente di trattenere.

Non pensate che, siccome quella sera nella quale vi siete visti in comitiva ha passato tutto il tempo a fissarvi, adesso che siete lontani vi stia pensando. Se vi stesse pensando vi avrebbe già contattati e vi avrebbe anche chiesto di vedervi.

Magari vi pensa, sì, ma non quanto e come meritate.

Ho capito, col tempo, che cercare di insegnare agli altri come si dovrebbe vivere o come si dovrebbero affrontare determinate situazioni risulta, a lungo andare, inutile ed estenuante.
Ho capito che, ognuno, ha il suo modo di vedere le cose, il suo modo di stare al mondo e che, se il mio modo di stare al mondo è diverso rispetto a quello di un'altra persona, io posso solo dare un nuovo punto di vista secondo il mio vissuto e le mie convinzioni. Punto di vista che non per forza porterà all'azione giusta da compiere, quindi, è inutile insistere.

Questo nuovo modo di vedere le cose mi ha portato, per fortuna, a non dare più modo a determinate persone di correggermi o di elencarmi quelli che erano gli errori che commettevo nella mia vita.
Ho capito che, se una persona non è in sintonia col mio modo di stare in questo mondo e se, addirittura, ritengo che possa risultare dannosa per la mia vita perché assume comportamenti che io mai vorrei replicare, quella persona va tagliata via come i rami secchi vengono tagliati dalle piante, anche se dopo quello che sentiremo sarà il gelo.

Non è un caso che la potatura delle piante debba avvenire nei mesi invernali e non in quelli primaverili. Non è un caso che, prima di dover tagliar via qualcuno o qualcosa dalla nostra vita noi, nel cuore, sentiamo il gelo.
Se ci fermassimo ad osservare le piante potremmo trarre spunto da esse per la nostra vita: una pianta, se sente che un ramo sta per morire, lo lascia morire per dare spazio e vita ad altri rami che meritano ed hanno forza per vivere e dare frutto.

Cerchiamo, quindi, persone che entrano nella nostra vita per portare frutto buono, come crescita e amore e non ansia o manipolazione.
Lo so che potrebbe sembrare un discorso ingiusto e soprattutto egoista ma soffermiamoci a pensare a quante volte abbiamo cercato di aiutare delle persone che non avrebbero voluto il nostro aiuto e che addirittura ci hanno traditi o ci hanno arrecato solo dolore.

Non siamo nessuno per salvare la vita degli altri se non abbiamo il loro consenso e questo dobbiamo ficcarcelo nella testa. Possiamo essere ostinati e provarci e magari riuscirci ma credo che, prima, dovremmo chiederci se il gioco vale la candela. E, soprattutto, fino a che punto siamo disposti a farci distruggere.
Non aspettiamoci, quando cerchiamo di aiutare qualcuno, che lui o lei lo capisce e ci ringrazi. Aspettiamoci, piuttosto, prese in giro, ingratitudine ed odio. Questo perché, le persone, quando gli metti in faccia i propri limiti, provano rabbia. Questa rabbia riviene dal fatto che sanno che dici il vero ma sono bloccate e non riescono a fare passi avanti.

Possiamo provare a dare un aiuto a chi amiamo ma non possiamo fare gli psicologi dei nostri partner. In primis perché noi non abbiamo studiato psicologia, non siamo psicoterapeuti e non siamo nessuno per insegnare agli altri cosa fare, anzi, a volte nemmeno noi lo sappiamo e, secondo, perché ci porta via tempo ed energie buttate nel nulla.

Uno dei comportamenti che ho riscontrato più frequentemente in quelle persone che, in realtà, non volevano una storia duratura o addirittura cercavano solo di essere adulate è quello di rispondere ai messaggi dopo ore e trovare sempre il modo

giusto di fare le vittime, in modo tale da innescare nell'altra quella che è la sindrome della crocerossina.
Questo perché, noi esseri umani, anche contro la nostra volontà, siamo portati a dare agli altri tutto quello che avremmo voluto che in passato ci fosse stato dato.
Visto che, la maggior parte di noi, non si è mai sentita davvero ascoltata o capita, tendiamo ad eccedere nella volontà di capire il senso di determinati atteggiamenti che, purtroppo, un senso non l'hanno.
Questo atteggiamento, del tutto normale nei confronti delle persone che si amano, può rivelarsi molto dannoso nel caso in cui, di fronte, non si ha una persona capace di amare.
Risulterà pericoloso perché, suddette persone, si approfitteranno della nostra bontà, forse senza nemmeno volerlo, e ci porteranno a stare malissimo e sentirci abbandonati.

In alcuni momenti ci porteranno in cielo e ci faranno sentire amati e apprezzati ed in altri ci faranno cadere nel vortice della depressione. È importante, appena si intravedono i primi segnali di questi comportamenti, scappare a gambe levate, immediatamente e non pensare mai a ciò che ci eravamo costruiti nella nostra mente e a ciò che, secondo noi, sarebbe potuto essere.

Vi dico di scappare immediatamente non perché io sia cattivo o io voglia insegnarvi come ci si deve comportare ma perché già so che questi comportamenti sono assunti da persone che non hanno la maturità per avere un rapporto serio.
Quindi, se non adesso, più avanti finirà comunque tutto.

Se c'è qualcosa che ti ha colpito in modo particolare di questo capitolo, puoi scriverlo qui in modo da ricordartene.

Io non sono un oggetto, sono una persona.

Quale qualità apprezzi di più negli altri?

Di cosa sei più orgogliosa di te?

4.

L'amore è uno stile di vita

Guardandomi intorno e ascoltando tanti ragazzi, mi rendo conto di quanto si sia diffusa questa idea che l'amore lo si debba riconoscere dalle famose farfalle nello stomaco o da degli impulsi sessuali che si attivano appena si vede una persona. Purtroppo, questi, differentemente da ciò che si pensa, non sono per forza dei segnali positivi per l'amore e, anzi, spesso, potrebbero segnalarci che, quella che abbiamo di fronte, non è la persona giusta per noi e che la desideriamo solo fisicamente.
Inoltre, a volte, ci si lascia proprio perché non si provano più quelle emozioni sopracitate, caratteristiche della fase di innamoramento che, come sappiamo, è temporanea.
L'amore non si sente per forza sin da subito e non sempre emana impulsi ma si costruisce col tempo e con la cura.

Il fenomeno delle farfalle nello stomaco non deve verificarsi per forza, soprattutto se siamo persone mature.

Dobbiamo cercare una persona che si possa prendere cura di noi oggi e per sempre e della quale noi saremmo disposti a prenderci cura fino alla fine della nostra vita, senza volere nulla in cambio. Come vediamo, in queste parole, c'è tanto amore e niente che riguardi il sesso o le pulsioni.

Sento il bisogno di scrivere questo libro, non perché io voglia sindacare sul modo di amare degli altri o per insegnare qualcosa ma perché credo fermamente nell'amore e penso che, come da bambini impariamo a camminare, a parlare o a mangiare, anche ad amare si possa imparare, giorno dopo giorno, a piccoli passi possibili.

Ricordiamoci che non è mai troppo tardi per imparare a fare qualcosa e che, il fatto che i nostri genitori, i nostri amici o i nostri partner non ci abbiano saputi amare o che non siano riusciti ad amarci come ci aspettavamo, non significa che noi non potremmo essere capaci di donare amore. Ricordiamo anche che, noi esseri umani, siamo chiamati a crescere costantemente e a divenire persone sempre migliori, in quelle che sono le nostre possibilità.

Se vogliamo raggiungere la felicità e vogliamo tramandarla alle generazioni future, come dicevamo prima, dobbiamo avere il coraggio di crescere, sia da punto vista emotivo che da quello empatico e spirituale.

Forse è proprio questo ciò che oggi manca al mondo: la volontà di crescere dal punto di vista affettivo e di mettere al primo posto l'amore, l'unica cosa che davvero conta.

Questo perché pensiamo che l'amore ci possa costare sofferenze, sacrifici e tanta forza.

Questa credenza, in parte, è anche vera poiché chi è emotivamente più avanti degli altri deve essere disposto al sacrificio di accettare i limiti emotivi delle persone che lo circondano e soprattutto deve saper aspettare le persone che sono rimaste indietro nella crescita emotiva.

Dobbiamo, innanzitutto, essere coscienti del fatto che non tutti sono cresciuti in una famiglia dove i problemi e le emozioni venivano affrontate in modo pacato ed equilibrato.

Quindi, ad alcuni di noi, non è stato proprio insegnato come gestire le emozioni nel modo giusto, come comportarsi davanti a situazioni che mettono a dura prova la propria parte emotiva o come reagire davanti a qualcosa che ci provoca ansia.

Molti di noi sono cresciuti guardando i genitori litigare ogni giorno, sentendoli urlare a qualsiasi ora del giorno e sono stati trafitti nel cuore dalla loro separazione. È brutto da dire ma, spesso, la prima delusione d'amore ce la provoca chi dovrebbe amarci sopra ogni cosa.
Ovviamente non sto qui a sindacare sui vostri genitori, tutti noi potremmo separaci un giorno, e non sto dando tutta la colpa ai nostri genitori. Anche perché, se si sono comportati in un determinato modo, è forse perché nemmeno loro, nel momento in cui sono innamorati, erano coscienti della persona che avevano davanti.

Non è che io voglia condannare la separazione, non sono nessuno per condannare gli altri, ma la realtà dei fatti è che genera nei figli delle ferite molto profonde e per questo dovremmo imparare a scegliere bene prima di innamorarci. Dovremmo conoscere la persona, osservarla e vedere come ha vissuto prima di noi e come agisce mentre si frequenta con noi. Potrete pensare che sono pesante ma, una volta, era proprio così che si faceva per scegliere il proprio marito o la propria moglie. Forse oggi corriamo un po' troppo e questa cosa ci si ritorce contro.
Penso che, proprio per questo motivo, molte persone, ai tempi d'oggi, provino terrore solo al pensiero di lasciarsi amare, per paura di essere poi abbandonati.
Stiamo ormai arrendendoci sempre più, al pensiero che l'amore possa essere qualcosa di temporaneo e credetemi che questa cosa a me provoca tanta paura. Stiamo insegnando ai nostri figli a pensare che, se un giorno si dovessero fidanzare o innamorare di qualcuno, quel qualcuno prima o poi dovrà andare via e questo pensiero incute in loro una forte paura. Noi non siamo chiamati ad avere paura ma ad essere forti e preparati dinanzi ad ogni evenienza.

Quindi, non dovremmo incutere in loro timore solo perché siamo stati abbandonati ma dovremmo esclusivamente spiegare loro perché, la scelta di un buon partner, è cosa importante.
Se pensate ancora che l'amore ti scelga e che ti faccia perdere la testa, abbandonate questa idea romanzesca.
L'amore vero non ti fa perdere la testa ma ti fa bene al cuore.
L'amore vero non ti rende schiavo e dipendente ma ti lascia libero ed in pace con te stesso/a.

Mi vengono in mente, in questo momento, tutte quelle persone che si innamorano degli altri solo per il fattore estetico o perché, dopo aver provato il sesso, si accorgono che ci si sono trovate davvero bene. Ma l'amore non è sesso o meglio, non è solo quello: l'amore, per essere vero, ha bisogno di tantissime sfaccettature e punti in comune. Ecco perché dovremmo conoscere bene le persone prima di fidanzarci o di creare famiglie basandoci solo sul fattore estetico o sessuale.
Mi rendo conto che quest'ultimo modo di vivere, per noi, risulta molto più semplice: chi non vorrebbe al proprio fianco un modello o una modella, qualcuno che tutti ci invidiano?
Chi non vorrebbe andare subito a letto con una persona che esteticamente la prende tantissimo?
Ma se poi ci ritroviamo a dover sopportare violenze psicologiche o tradimenti, il gioco vale la candela?
Noi dobbiamo ricercare qualcuno che ci possa amare e che possa restare con noi per tutta la vita, non persone bellissime fuori ma marce dentro. E non sto dicendo che chi è bello fuori è marcio dentro, assolutamente, non mi permetterei mai.
Il mio era solo un esempio per far capire che non bisogna guardare solo con gli occhi ma anche e soprattutto col cuore.

Vediamo qualche step, secondo me molto importante, per una conoscenza che potrebbe portare ad un amore vero:

1) *primo appuntamento in gruppo*: il primo appuntamento, secondo me, non andrebbe mai svolto da soli ma solo ed esclusivamente in gruppo e vi spiego il perché.
Innanzitutto, agendo in questo modo, evitiamo tante situazioni difficili in cui ci potremmo trovare e poi vediamo se quella persona è realmente interessata ad amarci o vuole solo portarci a letto.
Una persona che vuole solo sesso raramente accetta di vedersi in gruppo, sarebbe una perdita di tempo.
Quindi cercherà di invogliarvi a vedervi da soli.
Poi, se accetta e dopo vi chiede di allontanarvi da soli, rispondete che è presto per stare da soli.
Vedrete che, quando si accorgerà che siete persone che vogliono una storia seria, se vuole solo sesso, scapperà.
Inoltre, questa tipologia di appuntamento ci lascia vedere se questa persona potrebbe interessarci davvero sia esteticamente che mentalmente o emotivamente.
Parlare e scambiarsi idee è molto importante.
Questo passaggio, è importante anche per vedere come si comporta coi vostri amici o in gruppo.
Ovviamente, se siete già amici o conoscenti, questo step è stato già superato.

2) *Secondo appuntamento*: il secondo appuntamento, sempre secondo me, dovrebbe essere un appuntamento di mera conoscenza. Vedersi al bar per un caffè e parlare tutta la serata dei propri progetti o delle proprie vite.
Questo step è importante per capire chi abbiamo di fronte e come si comporta quando siamo da soli: se cerca subito un approccio fisico oppure no.

Ovviamente non condanno chi cerca subito un approccio fisico, non per forza potrebbe volere solo quello da voi, ma di solito chi vuole amare tende prima a conoscere bene l'altro e poi fa un passo del genere. Evitare assolutamente di parlare di storie passate poiché è troppo presto.

3) *Terzo appuntamento:* come terzo step io consiglio sempre qualcosa tipo cinema o simili, questo perché aiuta sia noi che l'altra persona a capire se stando insieme ci si annoia o le ore sembrano minuti. Inoltre, se davvero ci tiene a voi, quando sarete al cinema comincerà ad avere un atteggiamento che tende alle coccole e non ad altre cose.

È importante, secondo me, prendersi un buon range di tempo, che può variare da persona a persona ma che dovrebbe durare almeno 3 o 4 mesi, in cui il sesso viene messo da parte e si pensa solo ed esclusivamente alla conoscenza.
So che questa cosa, spesso, risulta difficile visto che siamo fatti di carne e gli impulsi sessuali, a volte, prendono su di noi il sopravvento ma questa cosa fa si che il rapporto non sia improntato sul sesso e che quindi, se si starà insieme un domani, si starà bene al di là della sessualità.
La sessualità, ovviamente, rappresenta un tassello importante per la coppia ma non deve essere messa al centro del rapporto, altrimenti prima o poi ci si stancherà dell'altro.
Al centro della nostra coppia, come al centro della nostra vita, dobbiamo metterci solo ed esclusivamente l'amore.
Tutto il resto, sesso compreso, dovrà essere il contorno.

Come posso evitare di praticare il sesso sin da subito?

Come dicevamo prima, tutti noi, me compreso, veniamo attratti da una persona, tranne in rari casi eccezionali, innanzitutto per il lato estetico. Da questa constatazione possiamo evincere quanto possa essere difficile per noi frenarci dinanzi a certe occasioni e quanto possiamo essere tutti deboli davanti alla sessualità.
Per evitare di praticare il sesso sin da subito e, consequenzialmente, evitare di cadere in un rapporto basato solo su quello, innanzitutto, abbiamo bisogno di capire il senso del sesso, della sessualità e della corporeità.
Noto che, oggi, molti di noi cercano nei modi più disparati, di sentirsi voluti e desiderati. Questo, secondo me, riviene da delle mancanze che si sono avute da parte dei nostri genitori e che noi cerchiamo di colmare con le attenzioni degli altri.
Così facendo, però, insegniamo agli altri a vederci come oggetti del piacere e non a vederci come persone che non vogliono altro che essere amate.
Le situazioni di sesso, vanno semplicemente evitate.
Evitate situazioni in cui vi ritrovate da soli e nelle quali potreste cadere in tentazione.

Amare è anche saper accettare i limiti degli altri, senza dare giudizi affrettati e senza pensare che, le azioni che gli altri compiono siano fatte per cattiveria o avidità. La cattiveria o le persone cattive non esistono, esistono però persone incattivite dalla vita, persone che non si sono mai sentite amate e che, quindi, si aggrappano alle cose futili e provocano dolore negli altri. Il nostro compito, anche se a volte emotivamente pesante, dovrebbe essere quello di accettare i limiti degli altri e di saper aspettare. Rivolgersi a queste persone con cortesia e non ripagandoli con la stessa moneta.
Ad esempio: un amico che ci ha traditi o che ci ha fatto del male o che ha sparlato di noi

Ovviamente non si fa di tutta l'erba un fascio ma credo che, molti di noi, soprattutto negli ultimi tempi, abbiano tolto dal centro della propria vita l'amore e lo abbiamo sostituito con il sesso o il danaro. Questa cosa potrebbe portare qualcuno ad essere felice? Forse sì o forse no, io credo di no, ma se state leggendo questo libro, sicuramente, è perché non volete questo.

C'è da dire che la colpa, in parte, non è nostra: ogni giorno vediamo immagini o video o ascoltiamo canzoni che ci riconducono al sesso e al denaro e sembra proprio che ormai il mondo giri solo intorno a questo. Certamente incontrarsi con qualcuno, farci del sesso e non rivedersi mai più, risulta più comodo, almeno nel breve periodo; ma i conti con la solitudine? I conti con quella sensazione di non sentirci amati da nessuno e di sentirci solo usati?
Sono certo che molti di noi sanno di cosa sto parlando.

La nostra unica colpa è quella di sottostare alle regole che, ormai, ci vengono inculcate e di non ribellarci ai continui messaggi di persone che non vogliono altro che ostentare la loro falsa felicità fatta di sesso, droga e business.
Chi insegue queste cose non sarà mai felice e vi dirò di più, si ritroverà in un vortice più grande di lui e sarà divorato dalla volontà di avere sempre più sesso, sempre più denaro, sempre più tutto. Questo perché il danaro, come il sesso, non ricuce le ferite e di certo non va a colmare le mancanze di genitori poco amorevoli o altre persone che ci hanno fatto del male.
L'unica cosa che davvero ci può cambiare, migliorare e rendere felici è solo ed esclusivamente l'amore!
Noi siamo felici quando siamo amati!
Ma per trovare un amore vero abbiamo bisogno di capire un po' di cose sia di noi stessi che degli altri.

La cosa che dobbiamo fare e dico dobbiamo e non dovremmo, perché di vitale importanza per noi e per le generazioni future, è quella di acculturarci e di ascoltare solo persone specializzate sui temi affrontati, non persone che con la terza media vogliono spiegare le proprie teorie senza un senso logico sui social.
Guardate, non lo dico per parlar male di loro o perché credo di essere migliore ma veramente alcuni di questi personaggi, tramite i loro messaggi sbagliati, combinano dei guai nelle vite degli altri.
Sembra quasi che più nessuno abbia a cuore le sorti dell'umanità e che le uniche cose che contano siano i beni materiali, la propria realizzazione o il venerare se stessi.

Cerchiamo di imparare come fare soldi, come realizzarci lavorativamente e crediamo che l'amore possa arrivare dal nulla, senza pensieri, senza sacrificio. O, addirittura, crediamo di poter vivere benissimo senza amore.
Purtroppo, se questo è il nostro pensiero, stiamo letteralmente mancando il centro.
Mi dispiace deludere coloro che vogliono credersi forti ma, nessuno al mondo non ha bisogno di amore e chi crede di non averne bisogno, sta solo lasciano che il suo passato ed i suoi traumi influenzino il proprio futuro.
Come potremmo fare per superare queste paure?
Come potremmo ritornare a fidarci delle persone?

Oggi, tutti siamo bravi ad insinuare che gli altri siano dei malesseri, dei casi umani, dei manipolatori e sicuramente di queste persone ne abbiamo incontrate e ne incontreremo ma, ci siamo mai chiesti come mai ci capitano solo e solamente queste persone?
E se fossimo noi a sbagliare qualcosa inconsapevolmente?

Credo che, ognuno di noi, almeno una volta, abbia incontrato la persona perfetta per costruire una famiglia: una persona seria, pacata, rispettosa e che davvero ci avrebbe potuto rendere felici. Noi, cosa abbiamo fatto? L'abbiamo accolta?
Molto spesso, quando ci capitano queste persone, nemmeno le consideriamo, oppure, dopo poco ci rendiamo conto che la frequentazione non può andare avanti, perché ci annoiano.

Questo capitolo è intitolato "L'amore è uno stile di vita" proprio perché io credo che, solo vedendo l'amore non più come un sentimento ma come un vero e proprio stile di vita, si potrà giungere alla consapevolezza di ciò che davvero potrebbe renderci felici. Molti di noi hanno bisogno di amarsi di più, altri di divenire più scaltri, altri di crescere sotto diversi punti di vista e sicuramente anche a me questo testo farà crescere.
Fidatevi che, dopo aver letto questo libro, riconoscerete le persone moleste a primo impatto e vi circonderete solo di persone vere e pure, come lo siete voi.

Cominciamo dal mettere l'amore in tutto ciò che facciamo, cominciamo dal mettere i nostri interessi dopo quelli delle persone che hanno bisogno di aiuto. Cominciamo dal saper ascoltare chi è in difficoltà, dal non giudicare le persone, dal non usarle e dal cominciare a vederle non come oggetto del piacere ma come bellezza del creato.
Aiutando gli altri a crescere, anche noi cresceremo.
Imparando ad amare gli altri, impareremo ad amarci.

La verità è che ci stiamo abituando così tanto alla visione dell'amore che ci danno i social o i programmi trash che guardiamo agli altri e a noi stessi come a degli oggetti.

Vogliamo possedere gli altri e, anche se la maggior parte di noi non lo ammetterà, non vogliamo essere amati ma desiderati e usati.
Mi rendo conto del fatto che io stia usando parole molto forti ma credo sia arrivato il momento di renderci conto che non siamo su questo mondo per usare le persone ma per amarle e che non siamo qui per essere usati ma per essere amati.
Alcuni di noi sono già arrivati a questa consapevolezza, altri invece, penseranno che io stia solo dicendo sciocchezze.

Se c'è qualcosa che ti ha colpito in modo particolare di questo capitolo, puoi scriverlo qui in modo da ricordartene.

Sono stanco di persone che ti lasciano il visualizzato, non ti rispondono e poi ti mettono like alle storie.
Da oggi in poi chi fa così esce dalla mia vita!

Quale cattiva abitudine vorresti eliminare?

Quale buona abitudine vorresti acquisire?

5.

Le 5 fasi di una relazione

Tutte le relazioni sono caratterizzate da delle fasi che, talvolta, mettono a dura prova i partner e che possono essere motivo di separazione o di unione ancora più forte. Vediamole insieme:

1. Innamoramento:

La prima fase di una relazione, quella dell'innamoramento, è per tutti la fase più bella poiché risulta essere anche la più emozionante.
I primi sguardi, le prime parole, la paura di fallire e di essere rifiutati, immettono in noi un senso di sfida e di adrenalina e ci fanno sentire come se fossimo estasiati.
Inoltre ci si diverte tanto, ci si sente spensierati quando si è insieme e ci si riempie di attenzioni e coccole reciprocamente.

Questaa è una fase importante per gettare le fondamenta di un rapporto sano e duraturo poiché ci permette di conoscere l'altra persona e di farci conoscere sotto diversi punti di vista.
Ci permette, inoltre, di capire cosa vuole l'altra persona sia da noi che dalla vita e ci può far aprire gli occhi su tante cose.

Innanzitutto, in questa fase, io consiglio sempre di ascoltare il proprio cuore ma ancor prima di saper leggere i segnali del proprio corpo.
Per esempio: potrebbe capitarci di incontrare una persona che ci piace moltissimo dal punto di vista estetico e alla vista della quale si sentono le famose farfalle nello stomaco.

È una sensazione bella, sicuramente, ma se sappiamo che quella persona non vive l'amore come lo viviamo noi, il nostro corpo, in un modo o nell'altro, ce lo farà capire.

I segnali possono essere diversi e di facile lettura ma, spesso, li sopprimiamo perché crediamo che possano essere figli di alcune nostre paure. La differenza tra paure e segnali la possiamo capire molto facilmente. Se una cosa riviene da una nostra paura noi ce ne accorgiamo immediatamente, mentre se riviene da segnali del nostro corpo ci fermeremo a pensare. Penseremo che quel determinato comportamento che la persona che abbiamo di fronte sta assumendo non va bene e ci proietteremo nel futuro immaginando se la stessa persona potrebbe ancora comportarsi in modo tale in futuro come andrebbe la coppia.
Per arrivare a fare questa differenza, però, abbiamo bisogno di una certa maturità spirituale ed emotiva.

Facciamo attenzione, durante questa fase, alle tentazioni che potrebbero venire dall'esterno. Non so se ci avete mai fatto caso ma quando siamo single nessuno ci vuole, invece, appena stiamo per fidanzarci, spuntano dal nulla ex fidanzati o pretendenti vari.
Vorrei che capiste che questo non è un caso e che riviene dal fatto che come esiste il bene esiste anche il male.
Qualunque sia il vostro orientamento religioso o se crediate o meno, sappiate che il male esiste e che, quando ci capita qualcosa di bello, farà di tutto per distoglierci dal bene e dalla felicità e per portarci al dolore e alla solitudine.
È importante credere nel bene e nel male perché, questa concezione della vita, ci insegna a capire quelli che sono i comportamenti da evitare se vogliamo essere felici e mantenere il vero amore nella nostra vita.

Ovviamente le tentazioni arriveranno sempre, anche durante le altre fasi ma saranno molto più forti in questa e nella fase di crisi che tratteremo tra poco.

2. Le prime incomprensioni

In questa fase si comincia a conoscere quello che il vero carattere della persona che abbiamo di fronte e si cominciano a conoscere, soprattutto, i suoi ed i nostri limiti emotivi e spirituali.
Si comincia a vedere che, anche se inizialmente tutto poteva sembrare rose e fiori, in verità, un rapporto sano è anche figlio di tanti confronti.

Dobbiamo capire che, in questa fase, inizia ad essere importante quella che è la gestione dei conflitti.
Si è visto, infatti, che esistono dei pattern comuni a tante coppie tossiche e che fanno sì che anche le coppie che vediamo come più idilliache possano separarsi.
Non so se vi è mai successo di sapere che una coppia che vedevate come una delle più belle mai viste si fosse separata.
Il primo pensiero che ci facciamo in questo caso è che l'amore non esiste più ed invece non è questo il motivo.
Molto probabilmente commettevano alcuni errori che noi sottovalutiamo e che, a lungo andare, divengono distruttivi.

Innanzitutto, dovremmo capire che la parola amore non significa solo volere qualcosa dall'altro ma soprattutto significa saper andare incontro ai bisogni della persona che scegliamo di metterci accanto.

Per questo motivo uno dei pilastri importanti per una buona relazione è quello di dare importanza ai bisogni emotivi dell'altra persona.
Per bisogni emotivi possiamo intendere dare più spazio all'altro, chiedere se ha bisogno di qualcosa in più da parte nostra, osservare il proprio partner e cercare di capire come poterlo far stare bene in pace il più possibile.
Abbandoniamo l'idea di essere perfetti e chiediamo al nostro partner, di tanto in tanto, cosa potremmo fare per dargli più serenità e pace. Nessuno è perfetto, nemmeno io, nemmeno tu.

Un altro obiettivo importante è quello di cercare di riuscire a risolvere ogni tipologia di conflitto, anche quello più difficile da superare, con una visione d'insieme e non con una visione di singola persona. Risolvere i conflitti in modo sano è una delle caratteristiche più importanti per una coppia ed è questa la fase in cui si comincerà a gettare le basi per un amore vero.

Inoltre, è anche importante cercare di esprimere i propri bisogni emotivi al partner e non pretendere che il partner debba per forza capire tutte quelle cose che noi non vorremmo dire.
Il partner è un partner non un indovino.
Fa parte della maturità emotiva anche l'essere capaci di esprimere al proprio partner delle paure, delle ansie, o qualsiasi altra cosa rinveniente dal nostro passato e che potrebbe andare ad inficiare sul nostro futuro o sulla nostra coppia.
È importante sapersi esprimere con il partner poiché se pretendiamo di essere capiti senza esprimerci metteremo il partner in seria difficoltà e noi ci sentiremo incompresi perennemente.

È importante anche capire che il nostro partner, quando ci mette di fronte ad un nostro errore, non lo fa per accusarci ma

lo fa solo ed esclusivamente perché vuole che la coppia cresca.
Tranne in alcuni casi, il partner cerca un confronto maturo e si aspetta di avere di fronte una persona disposta ad un confronto maturo.
Per questo motivo, quando il nostro partner ci mette di fronte ad un nostro errore, non reagiamo sentendoci accusati e non cerchiamo di difenderci ma cerchiamo solo ed esclusivamente di capirlo e di capire come potremmo ovviare a questo nostro errore ed evitare di reiterarlo nel tempo e nel futuro.

Tutte queste cose dette poc'anzi, se non vengono rispettate, provocano in noi e nel nostro partner un senso di repulsione e di rancore che ci porterà a vedere il partner non più come l'amore della nostra vita ma come il problema da risolvere.
I problemi di coppia si risolvono mettendosi insieme contro il problema e non ponendo il partner come il problema.

Quindi, cerchiamo di risolvere i litigi nel migliore dei modi, e cerchiamo di fare in modo di non provare mai rancore nei confronti del nostro partner.
Altrimenti, a lungo andare, uno dei due si stancherà e la coppia si separerà

3. La crisi

La terza fase, quella della crisi, è una delle più difficili da superare. Infatti, è proprio in questa fase che la maggior parte delle coppie si separa.
Di solito capita dopo qualche anno e può avere un duplice risvolto: può consolidare la coppia o farla separare definitivamente.

È inutile dirvi che, il male, durante questa fase, farà carte false per vedervi separati e comincerà a punzecchiarvi sui vostri punti deboli che possono essere sessuali ma anche emotivi.
Es: paura di non essere un buon partner o un buon genitore, ansia per la costruzione di una famiglia e altro.

Solitamente, le tentazioni arrivano sotto forma di una persona che si comporta come se fosse tutto ciò che abbiamo sempre sognato ma che, sotto sotto, è tutt'altro.
È importante non cercare di evitare la tentazione, perché nel momento in cui cerchiamo di evitarla ci siamo già dentro ed è facile cedervi, ma imparare e riconoscere la tentazione stessa. Se non hai capito come riconoscerla rileggi il pezzetto di prima.

Qualcuno potrebbe pensare che tradire sporadicamente non potrebbe mai fare del male alla propria coppia e quindi cedere ma è proprio qui che può iniziare la separazione.

Questa fase è caratterizzata dal non vedere più il partner con gli occhi dell'innamoramento ma dal cominciare a vederlo per quello che è realmente visto che lo si conosce davvero bene.

È proprio qui che si capisce se una coppia potrà andare avanti negli anni e per sempre, oppure no. Perché gli si presenteranno davanti talmente tante montagne da scalare e talmente tanti muri da buttare giù che se non si uniscono le forze sarà davvero difficile continuare.
La differenza la fanno le coppie che riescono a trasformare i muri in ponti e che riescono ad unirsi e a stare uniti nonostante tutto.

Questa fase è molto difficile da affrontare poiché non siamo più forti di quel sentimento che avevamo conosciuto all'inizio ma il sentimento che era all'inizio innamoramento si è trasformato in amore e l'amore non dà più quelle vibes forti e positive caratteristiche della fase di innamoramento.

In questa fase dovremmo capire che quello che il nostro obiettivo non è cambiato. È cambiato semplicemente il nostro approccio al nostro partner e nei confronti della coppia ma questo non va a cambiare quello che era il nostro obiettivo dell'inizio ovvero quello di passare insieme la vita.

Le coppie che riescono a superare questa fase, quasi sempre, sono coppie che si sposano e che riescono a creare una famiglia.

Una delle prerogative più importanti di questa fase è il fidarsi ciecamente dell'altro e capire che l'altro se ci parla di qualcosa o se ci dice qualcosa non lo fa per cattiveria ma lo fa solo ed esclusivamente perché ci ama e perché ci vede come la persona della sua vita .

4. Vero amore

Nella quarta fase abbiamo capito che il vero amore non è fatto di farfalle nello stomaco o di attrazione sessuale ma è divenire una squadra fortissima, capace di affrontare ogni tipologia di problema e di combattere ogni tipologia di difficoltà.

Arrivati a questa fase i due partner hanno conosciuto quello che il vero amore: non sdolcinatezza, non coccole, non passione, ma voglia di stare solo ed esclusivamente per tutta la vita con la persona che si ama.

Se si è giunti a questa fase, si è capito che l'amore è soprattutto basato sulla comprensione reciproca e sull'accettazione dei propri limiti e di quelli dell'altro. Questo ci fa capire che, entrambi i partner, sono maturati e che sono pronti a fare il passo successivo.

5. Eternità

L'ultima fase, quella dell'eternità, si caratterizza per il fatto che entrambi i partner non vedono altre persone e per il fatto che il proprio partner è messo su un livello superiore rispetto a tutte le altre persone che hanno incontrato i partner durante la loro vita e che incontreranno per il resto della loro vita.

Il vero amore è un amore genuino, un amore naturale, un amore puro, che ci insegna ad amare in primis noi stessi e poi l'altra persona e ci insegna che amare significa non guardare agli altri come un oggetto da possedere ma imparare a vedere la bellezza negli altri.

Se la mettiamo sotto questo punto di vista tutte le minacce sessuali, tutte le provocazioni sessuali, tutte le tentazioni sessuali che arriveranno durante il percorso della nostra vita e della nostra coppia non saranno viste come una minaccia ma saranno non evitate non, non schivate, ma riconosciute.

Se c'è qualcosa che ti ha colpito in modo particolare di questo capitolo, puoi scriverlo qui in modo da ricordartene.

Ci sentiamo spesso soli ma abbiamo perso la fiducia negli altri.
Vorremmo vivere un amore vero, un amore puro, ma troppe volte abbiamo affidato il nostro cuore a chi non ha saputo prendersene cura e ci portiamo dentro ferite apparentemente insanabili.
Diciamo che da soli stiamo bene, ma, in verità, il nostro cuore emette un grido che richiede amore.
Un grido che noi sopprimiamo e strozziamo per la paura di essere ancora feriti.

Cosa ti mette pace?

Cosa ti preoccupa?

6.

Cosa non va in me?

Tutti abbiamo dei traumi, tutti noi abbiamo dovuto superare ostacoli che vedevamo molto più grandi delle nostre possibilità, tutti siamo stati capaci di andare avanti nonostante lutti, abbandoni, separazioni e chi più ne ha più ne metta.
Tutti ci siamo sentiti abbandonati, tutti abbiamo idealizzato una persona che poi chi ha lasciati in ginocchio, tutti ci portiamo dietro ferite che, dopo anni, ancora non riusciamo a rimarginare e tutti, proprio tutti, vorremmo trovare una persona capace di amarci per ciò che siamo.
Tutte le cose dette pocanzi non ci giustificano, però, né a fare del male né a lasciarci fare del male restando inermi.

Se, in questo momento, abbiamo a che fare con una persona che un giorno c'è e dieci no, parliamogli ed esponiamo i nostri dubbi ma se le cose non cambiano, scappiamo!
Non dobbiamo aver paura di sentirci abbandonati da chi non riconosce il nostro valore.
Se una persona non vuole stare con noi e passare del tempo con noi non ha capito quanto valiamo e noi non dobbiamo farci svalutare da nessuno!
Tanto prima o poi ci abbandonerà lo stesso e questo lo sappiamo molto bene.
Quindi, scappiamo il prima possibile!

Prima di rapportarci con un'altra persona, dovremmo farci un esame di coscienza e dovremmo chiederci se saremmo o meno in grado di rendere felice ed amare l'altra persona come merita.

Se dobbiamo pensare sempre e solo a noi stessi ed ai nostri amici, escludendo l'altro, o se dobbiamo tradire o provocare altro dolore stiamocene da soli.
Dico questa cosa perché mi rendo spesso conto che ci siamo ormai abituati a scaricare le colpe sugli altri. Stiamo sempre a dire che incontriamo casi umani ma, alla fine, ci siamo mai chiesti se anche noi lo fossimo? O stiamo sempre e solo a puntare il dito verso gli altri?
E, soprattutto, siamo capaci di riconoscere una persona che, eventualmente, potrebbe davvero amarci e renderci felici? O ci adattiamo al modo di vedere le cose che ci inculcano i social e guardiamo solo il lato estetico trascurando l'interiorità?

Ho ascoltato ragazze dire che il proprio fidanzato era troppo presente o ragazzi dire che la propria ragazza dava troppe attenzioni. Ma siamo seri?
Ho visto persone tradire e scaricare le colpe sui propri partner facendoli sentire annientati. Come se il tradimento fosse una cosa giustificabile...
Per carità, tutti potremmo tradire, anche io potrei, ma mai scaricherei le colpe sull'altra persona per non prendermi le mie responsabilità e le conseguenze. Si tratta anche di avere una certa maturità nelle azioni e nei modi di fare.
Cioè, prima mandiamo via chi veramente ci ama, umiliandolo o tradendolo con chi da noi vuole possessione e non amore e poi ci lamentiamo che non ci sentiamo amati e che incontriamo solo casi umani?

Abbiamo mai pensato al fatto che la nostra vita è frutto delle nostre azioni? Vogliamo provare a smettere di scappare dalle responsabilità e provare a guardarci dentro?
Io sto scrivendo questo libro per questo e so che vi sareste aspettati che io dicessi che le colpe non sono le nostre e che

siamo noi le vittime ma non è così o meglio non lo è in molti casi ed io scrivo per portare crescita non i contentini e chi mi legge da tempo le conosce bene le mie batoste.
Sappiate che, le batoste che do a voi, sono state date prima a me ed anche a me faceva male ammettere che anche io stavo assumendo un atteggiamento sbagliato nei confronti dell'amore vero.
Quindi, non ci arrabbiamo e pensiamo a progredire e a divenire una persona capace di attrarre qualcuno di valore.

Spesso, i primi a fare i narcisisti e i malesseri nei confronti degli altri siamo proprio noi e poi, quando perdiamo la testa per qualcuno, vorremmo che si comportasse in modo diverso da come noi ci siamo comportati con gli altri.
Sta proprio qui il segreto: accontentarsi di chi ci ama, senza volere altro, senza cercare altro, senza dar modo a nessuno di fare il terzo incomodo nella nostra coppia.
Quante volte diamo confidenza ad amici o a conoscenti e dopo ci ritroviamo in situazioni ambigue? Quante volte giuriamo al nostro partner che quella persona è solo un amico o un'amica e poi nella nostra mente ci facciamo pensieri su di loro? Quante volte nascondiamo conversazioni ai nostri partner perché se le leggessero ci starebbero male?
Questi sono tutti esempi di microtradimento che noi prendiamo con leggerezza ma che, se sottovalutati, possono rovinare i nostri rapporti e nei casi più gravi la nostra vita.
Molte persone lasciano o hanno lasciato persone serie e pulite per persone che sanno bene come abbindolarle e poi si ritrovano a vivere una vita d'inferno.
Riflettiamo su queste parole.

Scusatemi se posso sembrare duro ma io credo che non sia possibile che, in una intera vita, nessuno di noi non abbia mai

incontrato qualcuno capace di amarlo per ciò che era e nel modo giusto, soprattutto. Credo che o non siamo stati capaci di vederlo perché inseguivamo altro o l'abbiamo visto ma l'abbiamo poi lasciato andare per inseguire altro.
Non capiamo che con i nostri atteggiamenti sbagliati possiamo uccidere le anime.

A differenza di quanto si creda, il narcisista, più comunemente chiamato caso umano, è una persona estremamente insicura; anche se prova in tutti i modi a mostrarsi carismatica. Sono proprio le sue insicurezze a portare questa persona a ricercare ragazzi o ragazze deboli e facilmente influenzabili.

Ha un approccio molto empatico poiché si porta dentro ferite che non è riuscito a rimarginare come una separazione genitoriale o qualsiasi altra cosa che lo ha fatto distaccare completamente da quella che è la sua parte emotiva.
Come abbiamo visto, una delle cose più importanti per trovare la persona giusta è divenire la persona che reputeremmo giusta accanto a noi. Partendo sempre dal presupposto che la persona giusta non esiste e che ci si deve sacrificare per amare e per sentirsi amati, dobbiamo cercare di divenire ogni giorno migliori del giorno prima.
Ma, fidatevi di me, i sacrifici fatti per amore saranno sempre ripagati e, soprattutto, non vi costeranno quanto quelli fatti per ottenere cose di superfice.

Ci dimentichiamo che, l'uomo, non è fatto per le cose superficiali ma per i rapporti veri.
L'amore, l'amicizia e la famiglia sono le cose che davvero contano e che ci rendono davvero ricchi. Tutto ciò che è materiale, invece, ci rende poveri poiché ci renderà schiavi, soli e nel tempo si consumerà.

Pensiamo ai momenti in cui siamo stati male: quando stavamo male abbiamo cercato cose o abbiamo cercato amore e comprensione?

Attenzione: la realizzazione personale è importantissima per condurre una vita felice, non dico il contrario, ma non deve divenire la nostra ragione di vita, soprattutto perché ci spingerebbe a scendere a compromessi con la nostra coscienza. Pensiamo a quante persone, per fare carriera in Azienda, hanno dei comportamenti sporchi. Loro non lo sanno ma si stanno uccidendo con le proprie mani, perché nella vita tutto torna.

Anche il denaro è importante poiché ci aiuta ad evitare una vita di stenti e a poterci permettere il cibo e i vestiti, ma non deve divenire la nostra unica ragione di vita, perché ci spingerebbe a tradire chi ci ama o ci vuole bene.
Pensiamo a tutte quelle persone che per interesse rinnegano i propri fratelli o familiari, vi sembra normale?

Ciò che dovrebbe divenire la nostra unica ragione di vita è semplicemente l'amore, poiché se tutto ciò che si fa viene fatto per amore, in confronto al dono che si otterrà alla fine, il sacrificio è nullo.

L'amore non ci chiede nulla di particolarmente difficile, anzi, talvolta siamo noi esseri umani a complicarci la vita e a rendere le cose più difficili del previsto.
Forse dovremmo fare qualcosa per ovviare a tutto questo e dovremmo smetterla di restare inermi davanti a tutte quelle persone che operano solo per la materialità.

I bambini, a mio avviso, hanno davvero tanto da insegnarci sul modo giusto di amare. Loro sono spensierati, si fidano di tutti e non hanno paura di cadere e farsi del male.
Quest'ultima parte com'è divenuta difficile per noi, vero?
Dopo tante batoste della vita, dopo tante maschere che hanno fatto parte della nostra vita, quanto ci risulta difficile fidarci ciecamente di qualcuno e pensare che non potrà mai farci del male?
Ecco, credo sia proprio questo uno degli errori più comuni che commettiamo: pensare che chi ci ama non debba mai farci del male. Si tratta di un grave errore poiché siamo tutti esseri umani e tutti abbiamo fatto del male e faremo del male a qualcuno.
Abbiamo i nostri limiti, le nostre paure e il modo nostro di vedere le cose che potrebbe essere diverso da quello di altre persone.
I bambini hanno fiducia, caparbietà e nessuna paura di cadere perché sanno che si rialzeranno. Noi, invece?

Alcune persone mi hanno riferito di essersi accorte, dopo aver vissuto un'infanzia dove non si sono sentite amate, di non essere capaci di amare. Questa, perdonatemi il termine, ma è una sciocchezza alla quale siamo ormai abituati. Ci abituiamo a questa sciocchezza perché non abbiamo il coraggio o la forza di ammettere che siamo nati per essere felici e per rendere felici gli altri. Non vogliamo arrivare all'ammissione di questo ultimo concetto perché, ammettere di poter rendere felice qualcuno, ci porterebbe a dover compiere tanti sacrifici, sacrifici i quali non sempre siamo disposti a sopportare.
Crescere dal punto di vista emotivo e spirituale ci porta a scavarci dentro, a rielaborare dei lutti e questo è tutto ciò che ci spaventa e ci blocca. Ognuno di noi ha qualcosa alla quale non vorrebbe mai più pensare, qualcosa che lo ha ferito così tanto

da cambiarlo, qualcosa che non ha mai avuto il coraggio di dire o ammettere a nessuno e che tiene chiuso dentro di sé da anni. Ecco, forse è giunto il momento di prendere questo lutto ed elaborarlo, poiché potrebbe essere tutto ciò che ci allontana da una vita felice.

La verità è che nessuno di noi, me compreso, è capace di amare gli altri nel modo giusto. Questo perché non esiste un modo universale di amare ed ognuno ha bisogno di essere amato a proprio modo. In più, ognuno di noi ha dei limiti che possono rivenire da contesti familiari o da esperienze che ci hanno segnato nel profondo ed ognuno di noi lotta ogni giorno per trovare la felicità.
Voglio dire a tutti voi che pensate questa cosa che nessuno al mondo è perfetto e che, sì, ci saranno sicuramente persone più brave di voi ad amare ma che possiamo metterci al pari loro o addirittura superarle se ci mettiamo tutti noi stessi.

So che alcuni di voi non si sono mai sentiti amati dai propri genitori e so che questa cosa ha lasciato dentro di voi delle ferite molto difficili da colmare; ferite che si sono trasformate in indifferenza, distacco e incapacità di fidarsi degli altri.
Noi, al giorno d'oggi, siamo abituati a vedere l'amore come un sentimento; siamo abituati a trattare l'amore come si fa con un oggetto, come fanno i bambini quando vogliono un giocattolo: piangono per averlo a tutti i costi e poi, quando lo hanno ottenuto, non ci vogliono giocare più e lo poggiano in un angolo, fino a vederlo ricoperto di polvere. Forse quei bambini, un giorno, quando saranno adulti, si ricorderanno di quanto avevano pianto per quel giocattolo. Lo prenderanno tra le mani, lo osserveranno, gli laveranno via la polvere e, solo ad allora, potranno contemplarne la bellezza.

Questo, secondo il mio punto di vista, è ciò che oggi accade nel mondo: tutti noi piangiamo per ottenere una persona che davvero potrebbe amarci, ci lamentiamo continuamente degli altri e poi, quando finalmente la troviamo, dopo poco, la lasciamo in un angolo fino a quando la perdiamo: la tradiamo, la trattiamo male e chi più ne ha più ne metta.

Sono sicuro che, tutte queste cose, potrebbero facilmente essere evitate se si arrivasse alla concezione del fatto che l'amore non è una cosa che ha un ciclo di vita e che quindi nasce, cresce e poi muore. L'amore è eternità.
In realtà, l'amore dovrebbe essere il motore della nostra vita. L'amore dovrebbe essere un fuoco che arde dentro di noi in modo costante. Un fuoco sul quale continuare a versare benzina per alimentarlo e per vivere sereni e protetti dalle brutture della vita.

Credo sia proprio questo il nostro errore: quello di pensare all'amore come ad un sentimento che, prima o poi, potrà svanire in un batter d'occhio.
Ecco il perché di tante separazioni, ecco il perché di tanto odio, menefreghismo e superficialità nel mondo.
Spesso mi sono sentito dire da ragazzi e ragazze in direct o anche da amici ed amiche che, negli ultimi tempi, nessuno vuole più fare sul serio, nessuno si vuole impegnare in una relazione seria e tutti, appena si accorgono che dall'altro lato ci potrebbe essere qualcosa di più di una semplice attrazione sessuale, scappano a gambe levate.

Una persona che ti farà del male non ti dice: "Ho intenzione di farti del male" ma ti mette in confusione, poiché essa stessa vive uno stato di confusione totale e di disconnessione dai propri sentimenti e dalla propria emotività.

Essa stessa, anche se non ne è cosciente, non sa cosa potrebbe essere giusto o sbagliato per la sua vita e la colpa non è sua, semplicemente non gli è stato insegnato dai propri genitori il modo giusto di amare e quindi, tenta di amare a suo modo. Ovviamente, la colpa non ricade solo ed esclusivamente sui suoi genitori ma anche su se stessa, poiché non è ancora riuscita a maturare dal punto di vista emotivo o non c'è ancora riuscita del tutto.

Quindi, potrebbe scegliere due strade: o si innamora subito di ogni persona che gli si presenta, appena vede che potrebbe esserci un'affinità o si discosta completamente dall'idea di amore e vede l'altro genere solo ed esclusivamente dal punto di vista sessuale.

In entrambi i casi la persona va a provocare del male non solo agli altri ma anche a se stessa.

Partiamo sempre dal presupposto che, al mondo, non esistono persone che non vorrebbero amare o che non vorrebbero essere amate. La differenza tra chi dice di voler essere amato e chi asserisce il contrario non la fa il parlare ma il trascorso di vita e soprattutto il coraggio.

Alcune persone dicono di avere coraggio per amare e poi dopo poco scappano usando motivi futi ed altre, invece, dicono di non voler amare e poi si ritrovano ad essersi innamorati in men che non si dica.

Nessuna delle persone che ci hanno fatto del male, a meno che non fossero persone altamente malvagie, avevano intenzione di provocarci del dolore e nessuna di quelle stesse persone, si stava rendendo conto di provocare così tanto dolore nell'altro.

Chi ci fa del male, nella maggior parte dei casi, parte dal presupposto di non voler fare altro che amare; paradossalmente vorrebbe renderci felici.
Il problema non è rappresentato dalle sue intenzioni ma dal modo in cui quella persona è stata amata, dal suo contesto familiare e dai comportamenti dei suoi genitori.
Esempio semplice: un ragazzo che ha avuto dei genitori che non sono o non erano in grado di gestire le emozioni e, quindi, si imbestialivano per ogni minima cosa, fino a quando non farà un lavoro su se stesso, non farà altro che agire allo stesso modo nei nostri confronti; non lo farà per cattiveria o per farci del male ma perché crede che la vita sia questa.
Oppure, un ragazzo che ha vissuto in un contesto familiare dove i genitori, cioè i pilastri della sua vita, non facevano altro che litigare per ogni singola cosa o che facevano a gara a chi fosse il miglior genitore, mettendosi in continuo conflitto, da noi cercherà sempre conflitto e se non glielo daremo troverà il modo per crearlo. Questo perché, essendo cresciuto in un contesto turbolento, in situazioni di pace e serenità, si trova quasi ad annoiarsi.
Differentemente dai casi precedenti, un ragazzo che ha vissuto in un contesto familiare sereno, con genitori emotivamente più maturi e, quindi, capaci di gestire meglio le situazioni di stress, agirà nei nostri confronti in modo molto più sereno e pacato. Questo non significa che l'uno sia migliore dell'altro, sono solo situazioni generate dalla fortuna.

Il problema, a volte, è che noi stessi abbiamo vissuto in contesti familiari difficili, noi stessi siamo stati più volte delusi, noi stessi abbiamo visto, per anni ed anni, i nostri genitori litigare ogni giorno e per ogni singola cosa prima di separarsi o vivere da separati in casa. Quindi, spesso, anche noi stessi dovremmo lavorare su questi aspetti e capire che non bisogna ricercare il bello e impossibile di turno ma ricercare una persona che realmente vorrebbe amarci.

Ma come la distinguiamo una persona che vorrebbe amarci da una che ci farà del male? La risposta è molto semplice, in realtà: chi ti ama ti pensa, non ti mette da parte e non ti mette mai in confusione perché ha paura di perderti. Se non trovi questo in una persona, lascia stare, allontanati immediatamente. Se davvero ti ama ti cercherà e cambierà regime.

Spesso commettiamo l'errore di pensare di poter "aiutare" le persone, magari cambiandole, magari insegnando loro come si vive, ma noi non siamo nessuno per insegnare la vita, non siamo nessuno per giudicare il modo di vivere e di amare degli altri e soprattutto non abbiamo gli strumenti per aiutare certe tipologie di persone. Quindi, il risultato finale, non sarà mai quello che speriamo: non otterremo mai un cambiamento dall'altra parte ma saremo noi a plasmarci e a cambiare, pian piano, per accontentare il nostro partner, spesso fino a spegnerci e a metterci da parte completamente.

Il litigio è qualcosa di sano, qualcosa che aiuta la coppia, se viene vissuto nel modo giusto e viene usato col giusto criterio. Il conflitto, invece, è tutt'altra cosa.
Due persone che si amano dovrebbero gareggiare nello stimarsi a vicenda, questo in qualsiasi tipologia di rapporto, non dovrebbero invece gareggiare l'uno contro l'altro o cercare di innamorarsi sull'altro.

Pensiamo a quanti genitori mettono i figli in gara contro gli altri o contro i loro stessi fratelli o sorelle.

Frasi del tipo: "Tuo fratello è stato più bravo" o "Tua sorella sì che ci da soddisfazioni" vengono pronunciate spesso all'interno delle famiglie ma sono frasi distruttive per la famiglia stessa. Un genitore è chiamato ad amare i propri figli e chi ama accetta, non vuole cambiare.

Per lo stesso principio dobbiamo scegliere e cercare una persona che sia già emotivamente stabile. Scusatemi se mi permetto ma dobbiamo trovare fidanzati non figli. Altrimenti un giorno ci ritroveremo a fare da madre o da padre prima al nostro partner e poi ai nostri figli e ad un certo punto non ce la faremo più, scoppieremo e ci separeremo.

Noi, invece, dobbiamo ricercare una persona che ci sappia dare le giuste attenzioni e che ci sappia amare per quello che siamo.

Ovviamente, però, prima dobbiamo lavorare su noi stessi per diventare la migliore versione di noi e dobbiamo lavorare per diventare la persona che vorremmo al nostro fianco, solo facendo questo lavoro potremo trovare la persona giusta. Perché, ricordiamocelo sempre, il giusto attrae il giusto.

Se c'è qualcosa che ti ha colpito in modo particolare di questo capitolo, puoi scriverlo qui in modo da ricordartene.

Lascia stare le persone che vogliono farsi inseguire.
Nella maggior parte dei casi sono persone che da te vogliono solo attenzioni.

Ti senti isolata/a e non capita/o

Sei in pace con te stessa/o e con la tua anima?

7.

L'importanza dei rapporti

Quante volte ho ascoltato ragazzi e ragazze dire di aver incontrato una persona che sembrava giusta ma che, appena dichiarati i propri sentimenti nei nostri confronti, diveniva come meno attraente.
Credo che il problema di base sia cosa ci viene inculcato, sia dai nostri genitori che dall'ambiente in cui viviamo.

Molti di noi hanno vissuto situazioni che ci hanno fatti crescere troppo in fretta. Tutte queste situazioni spiacevoli, purtroppo, sono andate a ledere quello che è il nostro modo di intendere l'amore e questa cosa, a lungo andare, può far male non solo a noi stessi ma anche alle persone che ci circondano.
A noi stessi, perché, innalzando dei muri verso tutti coloro che vorrebbero amarci, ci sentiremo sempre soli e agli altri, perché, fino a quando non lavoriamo su noi stessi ed eliminiamo questa idea di amore malato che respiriamo nell'aria, ormai da anni, faremo solo del male a chi davvero vorrebbe farci del bene e bene a chi vuole solo usarci.
Questo perché, quando ci interfacciamo con una nuova persona, sappiamo sin da subito chi abbiamo davanti.
Lo capiamo dagli sguardi, dai gesti, dai sorrisi ed è il nostro subconscio a suggerirci se quella è o meno la persona giusta per ciò che vogliamo in quel momento.
Se noi vogliamo solo qualcuno che faccia finta di amarci per prenderci in giro e non legarci in modo serio, solo perché abbiamo paura di crearci una famiglia ma non lo ammettiamo a noi stessi, otterremo che ci innamoreremo sempre e solo del malessere o caso umano di turno.

Per poi accorgerci, magari dopo anni, che ci tradiva e che noi non siamo nati per essere distrutti ma per vivere in amore e serenità. Ma a quel punto saremo innamorati persi e quindi subiremo, talvolta senza accorgercene, ancora una volta, prima la manipolazione e poi il lutto dell'abbandono.
Il segreto sta nel cambiare la tua prospettiva di vita e, ancor prima, la tua visione dell'amore e del futuro.
Dobbiamo lottare per far si che capiamo che non è l'amore a fare del male ma l'uso smodato che ne fanno le persone.

Altri hanno ferite provocate dal vivere in una famiglia in cui si litigava quasi ogni giorno, una famiglia dalla quale sono dovuti scappare appena possibile perché non riuscivano più ad assorbire tutto quell'odio e quel dolore rivenienti da un matrimonio che, secondo loro, non si sarebbe mai dovuto celebrare.
Queste situazioni hanno fatto si che loro non credessero più nel valore della famiglia e che, addirittura, avessero paura di non essere in grado di crearne una o di fare il genitore nel modo giusto.
Mi sbaglierò ma credo che tanti uomini e donne vivano inseguendo la propria carriera ed il proprio lavoro solo per sopperire a questa paura, invece di affrontarla.
Forse crediamo che, una famiglia, qualsiasi famiglia, prima o poi debba divenire quell'inferno che si è vissuto da bambini.
In realtà, come per la vita, anche il tenore e l'andamento di una famiglia riviene dalle nostre scelte quotidiane.
È chiaro che non sarà sempre rose e fiori ma ci sono tanti modi per evitare di litigare, soprattutto davanti a chi non c'entra nulla, ovvero i figli.
La prima cosa da fare in un buon nucleo familiare, secondo me, è quella di non vedere mai il coniuge come il problema ma di

allearsi col coniuge contro il problema, anche se il problema è parte del coniuge stesso.
Esempio: se il mio compagno ha un atteggiamento che a me non piace, dirgli ogni giorno che sbaglia assumendo quel comportamento, non può portare che a litigare.
Bisognerebbe, invece, cercare di spiegare il perché della nostra lamentela e, soprattutto, saper ascoltare quella che è la risposta del nostro coniuge o partner.

Noi, purtroppo, non siamo tanto capaci di ascoltare e di capire e vorremmo sempre avere ragione ma se, invece, fossimo noi a sbagliare e quell'atteggiamento visto da noi come impraticabile fosse del tutto normale? Saremmo in grado di ammetterlo o seppure lo avessimo capito continueremmo a lottare solo per uscire vincitori?
Un'altra cosa importantissima è quella di non mettersi mai in competizione.
Tante volte ascolto persone vantarsi del fatto che guadagnano più del proprio coniuge. Questa cosa, a mio avviso, riviene dall'aver vissuto in un ambiente familiare dove i propri genitori hanno sempre fatto in modo di mettere i figli in competizione con gli altri figli.
Forse perché pensavano di spronarli.
Ma quello che hanno ottenuto non è stato altro che la divisione tra di loro e la creazione di persone che non hanno l'umiltà di saper ammettere di poter essere inferiori a qualcun altro.
persone che vedono il guadagnare meno o l'avere torto come una sconfitta. Questo distrugge i rapporti.

Altri hanno avuto genitori dipendenti dall'alcool o dalle droghe, che tornavano a casa, ogni giorno, non con un dono o con una caramella o un pacco di biscotti ma con tanta violenza ed odio verso la vita.

Questa cosa, ovviamente, si ripercuoteva su tutti i componenti del nucleo familiare ed ha fatto credere a loro che, come da piccoli venivano comandati, così potessero comandare sugli altri. Ecco perché esistono persone che ti vogliono dire come vestirti o con chi uscire.

Altri ancora hanno avuto genitori dipendenti dal gioco o che non avevano voglia di lavorare, genitori che hanno lasciato tutto il peso di una famiglia su un solo coniuge e che non si sono mai assunti le proprie responsabilità.
Questa tipologia di genitori hanno creato nei propri figli insicurezze e paura della povertà. Pensate che esistono persone che sono ricche e che hanno paura di ritornare povere e per questo non vivono bene.

Potrà sembrarvi strano ma anche io appartengo ad una di queste categorie ed ho capito, col tempo, che l'unica cosa che io potessi fare per trovare la pace e ricominciare a credere nell'amore vero fosse il perdonare i miei genitori per i loro errori.

Oggi è semplice capire dove si sbaglia: abbiamo internet, abbiamo le scuole e le università, abbiamo i social…
Ai tempi dei nostri genitori, invece, tutto veniva insegnato dai propri genitori o dalle persone per le quali si lavorava ed anche la classe dei professori, per chi poteva permettersi di andare a scuole, era molto meno accondiscendente coi ragazzi.
Questa cosa deve portarci a capire che, i nostri genitori, e non lo dico per difenderli ma perché la realtà è questa, non hanno avuto modo di progredire.
Un genitore che aveva avuto genitori violento si comportava in modo violento, uno che aveva avuto esempio d'amore in modo amorevole.

Siamo stati abituati ad un concetto di vita grazie al quale tutto ciò che ci circonda e che desideriamo, una volta ottenuto, dovrà essere per forza nostro, per sempre, o fino a quando ce ne stanchiamo.
Questa concezione della vita, secondo me sbagliatissima, ci porta a soffrire gli abbandoni e gli addii molto più del dovuto e ci porta a fare del male a persone che non lo meriterebbero.
Inoltre, questo concetto, se applicato alle restanti sfere della nostra vita, ci potrebbe portare alla distruzione.
Una persona, ad esempio, che soffre d'ansia, soffrirà molto di più se non sa che quella è solo una fase della sua vita e che, questa ansia, prima o poi passerà. Ovviamente non parlo di casi gravi o cronici.
Qualcuno che, invece, si trova nella malattia, soffrirà molto di più se crede che quella malattia durerà per sempre.
Come vediamo da questi esempi è davvero importante concepire che tutto ciò che ci circonda ha un tempo e soprattutto un senso. Soprattutto il dolore.

I periodi no, i periodi dove sembra che davvero nulla vada per il verso giusto, i periodi dove non ci sentiamo capiti dalle persone che ci circondano e nei quali veniamo giudicati o additati da tutti; sono passeggeri.
I periodi belli, quelli dove sorridiamo ogni giorno, dove ci sembra di aver ottenuto davvero tutto dalla vita e che non ci manchi nulla, dove abbiamo salute, soldi e amore; sono passeggeri.
Tutto è passeggero.
Nulla di tutto ciò che guadagneremo su questa terra o conserveremo o terremo solo per noi resterà con noi.

La gioia è passeggera, il dolore è passeggero, le persone sono passeggere, le cose sono passeggere e tutto prima o poi ci abbandonerà. Saranno poche le cose certe della nostra vita.

Quante cose ci stanno passando nella testa pensando a questa cosa, vero? Qualcuno di noi sta pensando che deve fare quel viaggio, qualcun altro che deve stare di più con la famiglia e tante altre cose che dovremmo fare e che non facciamo perché crediamo che il nostro tempo sia eterno.
Beh... mi dispiace distruggere questo pensiero ma il nostro tempo è molto limitato e molti se ne accorgono solo nel momento in cui stanno per lasciare questo mondo.

Non dico che non si debba soffrire per l'abbandono, anche perché tutti, prima o poi, ci siamo sentiti soli. Ma vorrei porgervi un nuovo punto di vista sulle cose.
Se provassimo a capire, quando arriva una nuova persona nella nostra vita, perché è arrivata e cosa vuole, inconsapevolmente, insegnarci per la nostra vita, sarebbe tutto più semplice.
Se provassimo a guardare non solo come una persona si pone o si veste o solo il suo aspetto fisico e provassimo ad entrare dentro di lei, sarebbe tutto più semplice e potremmo capire cosa realmente quella persona dalla quale magari siamo anche tanto attratti sessualmente cosa vorrebbe da noi e se potrebbe o meno farci del male.

Se noi, in qualsiasi rapporto, partissimo dal presupposto che le persone ci scelgono e che non siamo solo noi a scegliere loro potremmo fare il possibile per meritarci la loro presenza nella nostra vita.
Molto spesso vedo fidanzati o amici dare per scontato la presenza della persona alla quale vogliono bene e poi

accorgersi della sua importanza solo nel momento nel quale, ormai, l'hanno persa. Perché arrivare a tanto?

Inoltre, dovremmo capire che, nella vita, tutto ciò che ci viene dato e che entra nella nostra vita, ci entra anche per nostra scelta. Quindi, se non ce ne va nessuna dritta, la prima cosa che dovremmo fare sarebbe quella di cercare di capire cosa sbagliamo e non incolpare gli altri di come agiscono.
Le cose, da che mondo è mondo, si sono sempre fatte in due e se un ragazzo o una ragazza sceglie di usarti e tu ti fai usare, inconsapevolmente o consapevolmente, tu hai scelto di farti usare. E fino a quando non migliorerai e crescerai da questo punto di vista non avrai la forza ed il coraggio per dire di no a cose che non potranno mai renderti felice.
Continueranno ad arrivare persone sbagliate fino a quando tu non comincerai ad allontanare chi vuole solo usarti e solo quando troverai il coraggio di allontanare queste persone e di non averci più a che fare, mai, troverai la persona giusta.
Ricordiamoci che non dobbiamo solo guardare a se lei o lui siano la persona giusta per noi ma anche a se noi potremmo essere la persona giusta per lui o lei.
E non esiste arrendersi all'idea di non poter mai rendere felice nessuno solo perché siamo troppo presi dai vizi e non abbiamo la forza di reagire. Una cosa se la vuoi veramente la ottieni e se non riesci da solo ti fai aiutare, non c'è nulla di male.

Se c'è qualcosa che ti ha colpito in modo particolare di questo capitolo, puoi scriverlo qui in modo da ricordartene.

Tu sei nata/o per amare, non per inseguire egoisti e narcisisti

Come dovrebbe essere la tua relazione ideale?

Come non dovrebbe essere?

8.

Atteggiamenti fondamentali di una coppia sana

In questo capitolo cercheremo di parlare di alcuni atteggiamenti che sono fondamentali per una coppia sana e duratura.
Questi aspetti possono sembrare per alcuni scontati ma vi assicuro che, in alcune relazioni, non vengono rispettati e che portano uno dei partner o entrambi i partner a desiderare di andare via dalla coppia.

Alcuni degli aspetti e dei comportamenti che vi elencherò sono comportamenti che vengono dall'esterno e che molto spesso noi facciamo entrare all'interno della nostra coppia e che vanno ad inficiare su quello che dovrebbe essere il regolare svolgimento e la risoluzione dei conflitti.

1) Confini chiari coi parenti: Uno dei passi fondamentali che deve fare una coppia che vuole durare nel tempo e vuole essere sempre unita e quello di mettere dei confini chiari con la propria famiglia: questo ovviamente è un atteggiamento che devono assumere entrambi i coniugi o entrambi i partner per farsi che la coppia decida solo ed esclusivamente con le proprie forze e col proprio cervello.

   Potrà sembrarvi una cosa brutta ma vi assicuro che conosco tantissime coppie che si sono separate perché i genitori di lui o i genitori di lei non vedevano di buon occhio l'altra persona e facevano di tutti dal dissuadere il proprio o la propria figlia da quell'amore che a loro non piaceva. Non si tratta di genitori che vogliono proteggere i figli da situazioni tossiche ma di genitori

che vorrebbero comandare la vita dei propri figli poiché non li reputano in grado di compiere scelte.
In altri casi amici o parenti erano troppo intromissivi, oppure perché cercavano di plagiare il proprio figlio o la propria amica per fargli fare in realtà quello che loro volevano all'interno della sua coppia.
Ricordiamoci che non tutte le persone che reputiamo amiche ci vogliono bene davvero e che potrebbero assumere atteggiamenti di invidia nei nostri confronti.

I due partner dovrebbero mettere al primo posto la relazione e non altre persone: una nuova coppia significa l'inizio della formazione di un nuovo nucleo familiare e per l'appunto, questo nucleo, deve essere formato dai soli membri del nucleo e non devono esservi altre persone dal di fuori ad inculcare il loro modo di vivere i le loro convinzioni.
Che poi, fateci caso, chi vuole intromettersi ed insegnarci a vivere è sempre quella persona che, nella sua vita, non riesce ad ottenere nulla di concreto.
Forse perché, invece di pensare alla sua realizzazione e al suo progredire, guarda solo alla vita degli altri.

Possiamo fare un semplice esempio prendendo una barca: una barca quando affonda non affonda per ciò che ha all'interno ma per ciò che entra dall'esterno.
Una barca che ha legno forti ed una forte struttura, difficilmente affonderà, a meno che non subisca un forte urto. Al contrario, una barca con legni deboli, potrebbe affondare anche grazie ad una sola onda nel mare mosso.
Allo stesso modo, all'interno di una coppia, fino a quando si mantiene il naturale baricentro, che si è

formato tra i coniugi o che si è creato tra i partner, non potrà mai affondare a meno che uno dei due non si sia comportato in modo scorretto.

In questo caso, però, parliamo di una barca che affonda perché altre persone hanno fatto sì che potesse entrare dell'acqua all'interno della coppia. Magari parlando male del partner al proprio amico e dicendo che devono comportarsi in modo diverso, dicendo che in quel frangente dovevano essere più duri o dovevano fare in quel modo.
Tutte queste cose fanno sì che la coppia, man mano, si sgretoli e che questa barca costruita negli anni e formata con tanto amore possa andare ad affondare.

Un altro elemento fondamentale che riguarda sempre le famiglie e le amicizie è quella di non sfogarsi dei propri problemi di coppia con loro.
I problemi con i nostri partner devono restare dentro di noi. Questo perché, quando succedono dei conflitti è bene ragionare col nostro cervello.
Noi possediamo l'intelligenza per ragionare, abbiamo un'intelligenza per sapere come dobbiamo comportarci e soprattutto farci consigliare da altre persone ci porterà ad evitare magari delle situazioni che noi dobbiamo vivere per crescere emotivamente spiritualmente.
Se proprio non ce la facciamo, cerchiamo un amico che sa ascoltare senza dare consigli o meglio ancora rivolgiamoci ad un professionista.

Se ne parliamo coi nostri genitori o amici, quello che succederà dopo il conflitto sarà che noi avremo dimenticato tutto quello che il partner magari in un momento di rabbia ci ha detto mentre i nostri genitori i nostri fratelli o amici lo terranno sempre in mente e ce lo ricorderanno ogni qualvolta in cui si parlerà di quella persona .

In altre parole, una coppia sana fa in modo che le loro giornate si svolgano in base al loro volere fa sì che i loro conflitti si risolvano in base al loro volere e non in base al volere di altre persone .

2) Amicizia prima che amore: Un altro aspetto fondamentale di una coppia sana e duratura e che vuole perdurare nel tempo e negli anni fino all'eternità, è quella di essere amici prima che partner.

Abbiamo visto nei capitoli precedenti quanto sia importante la conoscenza vera della persona che abbiamo di fronte, ancor prima della conoscenza sessuale. Abbiamo visto quanto sia importante farsi conoscere e conoscere i propri limiti e i limiti dell'altro e conoscere le caratteristiche e le peculiarità dell'altro prima ancora di concedersi fisicamente per concedersi innanzitutto mentalmente.

Dovremmo capire che, la fase più importante, è proprio quella mentale. Perché se io mi trovo bene a letto con una persona ma poi quando ci sto insieme, al di fuori dal letto, ci sono solo litigi perché abbiamo un modo diverso di vedere le cose o mi vergogno di andarci insieme da qualche parte perché magari sbrocca all'improvviso davanti ai miei amici o assume comportamenti che mi fanno stare male o se addirittura

se vede un'altra ragazza o un altro ragazzo si concede a delle avance oppure concede agli altri di fargli delle avance o cose del genere, ne vale la pena?
Con una persona del genere noi non potremmo mai stare bene, anche se magari a letto si rivela la più brava o il più bravo di tutti.

Le cose che davvero contano, che sono anche scontate ma molti di noi oggi non le mettono a frutto, sono la connessione mentale, la connessione emotiva e la connessione spirituale. La connessione sessuale è importante, sì, ma può essere lasciata benissimo in secondo piano, almeno all'inizio della relazione. Anche perché due persone che si trovano bene insieme e che scherzano, ridono e fanno tante cose che magari per altri possono essere noiose ma che loro fanno diventare gioiose e belle hanno pochissimo bisogno del sesso e non hanno bisogno di mettere il sesso al centro della relazione.

Due persone che si mettono assieme solo per il sesso, quasi sempre, non amano avere tanti momenti insieme e quindi cercano di avere più momenti per se stessi possibili coi propri amici con altre persone e pochi momenti col proprio partner. In più, i momenti col proprio partner si svolgono in modo sempre uguale tendenzialmente si va a mangiare si fa l'amore e si ritorna a casa.

Invece due persone che si amano realmente e che prima di essere partner sono amiche hanno voglia di passare del tempo insieme perché il tempo vola quando stanno insieme e quando stanno lontani l'uno manca all'altro

E vi dirò di più, in una coppia che davvero vuole essere sana e duratura è fondamentale che venga messa questa fase al primo posto. È fondamentale comportarsi come amici prima che come partner dell'uno o dell'altro.
Essere autoironici, scherzare prima di tutto.
Solo così, secondo me, si può arrivare ad avere un amore vero e non noioso ma sano.

3) I momenti difficili: Un'altra fase, questa un po' più delicata, è quella dei momenti difficili. Fateci caso, siamo contornati da così tante persone, abbiamo così tanti amici sui social, ma quando ci ritroviamo in un momento difficile restiamo sempre da soli.
Quando ci troviamo in un momento difficile, nessuno lo vede, nessuno ci capisce e se proviamo a sfogarci con qualcuno o ci sentiamo giudicati o loro hanno problemi più grandi e vanno a sminuire quello che è nostro.

È importantissimo, di vitale importanza, trovare una persona che si prenda cura dei nostri bisogni emotivi e che ci sappia ascoltare come mai nessuno ha fatto prima. Ovviamente, lo stesso trattamento lo dovremmo riservare alla persona che diciamo di amare.
In un rapporto di coppia è importantissimo sentirsi capiti e non giudicati e ciò ci aiuta a superare i momenti difficili insieme, non guardandoli con un occhio solitario, cioè come se fossimo due persone ed ognuno dovesse risolvere i problemi propri, ma con una visone di insieme.
I problemi, in una coppia, vanno risolti assieme.
Che siano problemi di lui o di lei, non fa differenza, vanno comunque risolti insieme.

C'è un detto svedese, secondo me bellissimo, che racchiude proprio il significato di insieme e dice: i "In due le gioie vengono raddoppiate e i dolori vengono dimezzati".
È proprio questo ciò che dovremmo fare se vogliamo inseguire il sogno di una coppia ideale di una coppia che davvero vuole durare negli anni e che magari vuole dare luce a dei bambini, ad una vera famiglia, una famiglia frutto dell'amore e non frutto della sessualità.

Scusatemi se parlo sempre del sesso, se metto sempre in mezzo il sesso, ma per me è un argomento molto delicato ed è un argomento che deve essere trattato davvero bene.
Mi rendo conto che, molte persone, anche sui social, vedono il sesso come un punto fondamentale della relazione e se ragioniamo in questo modo, se tutti ragionassimo in questo modo, ci lasceremmo tutti dopo qualche mese.
Il rapporto basato sul sesso è un rapporto senza fondamenta stabili, che non è destinato a perdurare ed è un rapporto che è destinato a morire molto presto, ovvero, quando molto presto moriranno le nostre pulsioni verso la persona o quando capiremo che oltre quello, con quella persona, non ci può essere nulla poiché ha una visone della vita diversa, non ci capisce e viceversa.

Attraversare periodi complicati insieme che sia per lui, per lei o per entrambi, pone la coppia davanti ad un bivio. I due si pongono domande del tipo: cosa facciamo, ci separiamo o lo affrontiamo insieme? Oppure: "è davvero lui o lei la persona giusta per me?"

Ci saranno momenti in cui si avranno dei ripensamenti, sicuramente, ma se c'è il vero amore si vincerà su tutto.

4) Essere se stessi: Un altro tassello fondamentale è quello di permettere all'altro di essere se stesso e di non cambiare o cercare di cambiare quelle che sono le abitudini del proprio partner.
Noi non siamo nessuno per cambiare gli altri, non siamo nessuno per insegnare agli altri come si vive, non siamo nessuno per giudicare il modo di vivere e di vedere la vita degli altri.
Proprio per questo motivo dobbiamo scegliere bene, come dicevamo anche prima e anche negli altri capitoli e dobbiamo scegliere sin dall'inizio.
Dobbiamo capire, dobbiamo sapere chi abbiamo davanti, perché andare poi a cercare di cambiare una persona è un lavoro estenuante, è un lavoro che ti stanca spiritualmente e mentalmente ed è un lavoro inutile.
Le persone non cambiano e non cambieranno mai. Possono cambiare per qualche mese, possono cambiare per qualche anno, ma non cambieranno mai veramente e ritorneranno ad essere quello che erano.

Quindi, se vediamo una persona che magari ci piace esteticamente ma non ci piace il suo modo di vivere perché non è paragonabile al nostro o non è unita al nostro modo di vedere la vita, lasciamo stare, andiamo avanti, restiamo da soli fino a quando non troveremo una persona che realmente incarna tutto ciò che vogliamo o quasi e della quale veramente non cambieremo nulla.

Questo passo è molto importante.

Io mi rendo conto che molte persone non lo fanno, mi rendo conto che molte persone guardano solo il lato estetico, guardano se dal lato sessuale stanno bene, si mettono insieme, creano delle famiglie e poi si sfasciano.
La cosa più brutta e vedere i bambini che devono soffrire per via dei genitori che hanno avuto delle mancanze durante le fasi della loro relazione.

Non voglio e non sono nessuno per giudicare gli altri ma, vi prego, pensateci bene e guardate bene chio avete di fronte prima di fare passi così importanti.
E seppure dovessimo separarci, cerchiamo di non abbandonare i nostri figli e di amarli quanto più possibile. Ricordiamoci che nelle loro vene scorre il nostro stesso sangue.

5)La comunicazione: Un'altra cosa che secondo me si deve curare che in pochi curano all'interno della relazione è quella della comunicazione.

Molto spesso, quando parlo con le persone e mi parlano dei propri partner, mi sento dire che non si sentono capite non si sentono ascoltate o che hanno provato a parlare dei problemi all'altra persona ma la stessa persona che dice di amarle più do ogni altra cosa fa finta di non capire e quindi non cambia mai.
Questa tipologia di comportamento potrebbe rivenire dall'avere avuto genitori molto severi e poco permissivi o da genitori che erano costantemente in conflitto col partner o con i figli e quindi, loro, non riescono ad ammettere i propri errori perché li vedono come un

fallimento e quando gli vengono messi in faccia si sentono un fallimento.

Diciamoci la verità, nessuno di noi ama ammettere di aver sbagliato e a nessuno fa piacere umiliarsi e chiedere scusa, quindi come biasimarli.
Però, imparare a comunicare fa tanto bene alla coppia e ci dobbiamo sforzare di farlo se vogliamo amare.

Partendo dal presupposto che come abbiamo detto anche prima se hai intenzione di cambiare una persona fai prima a cambiare persona, è importante comunicare e farsi comunicare quelle che sono le cose belle e quelle che sono le cose che magari non vanno all'interno della coppia. Essere capaci di avere la maturità di ascoltare quella che è la prospettiva dell'altro su un determinato problema della coppia o su un determinato argomento e soprattutto evitare di discutere in modo violento per delle situazioni che possono essere risolte in modo sano e sereno.

È importantissimo anche non evitare i conflitti e affrontare le difficoltà non negando ciò che ci viene detto ma facendo in modo di capire quelli che sono i nostri errori e ponendoci in una situazione di confronto e non una situazione di pesantezza.

6)I litigi: Un'altra cosa che è molto importante all'interno della coppia sono propri litigi, se vengono affrontati in modo sano.

Sarà sicuramente capitato ad alcuni di voi di litigare al punto di sentirsi frustrati, poiché la visione vostra e quella del vostro partner, su un determinato argomento, erano completamente diverse e sembrava di viaggiare su due binari paralleli che mai si potevano incontrare.

Ecco, anche nelle coppie più sane, capiteranno i momenti di frustrazione, i momenti in cui davvero si arriva a litigare in modo pesante, momenti in cui sarà difficile anche solo guardarsi negli occhi.
La differenza però la farà il dopo.
Ovvero la maturità di andare dal proprio partner e dire "nonostante questo, nonostante quello che è successo, magari abbiamo due punti di vista completamente diversi però possiamo comunque continuare a stare insieme e cercare di venirci in contro".
Ovviamente Questi litigi così pesanti si possono avere ma devono essere davvero rari altrimenti si rischia di cadere nel tossico e fidatevi che ci sono persone che davvero litigano col proprio partner tutti i giorni, anche più volte al giorno e che vivono e continuano a vivere nella frustrazione perché non hanno la forza di lasciare ciò che non vogliono e prendere ciò che meritano.

7)Accettare il partner per ciò che è: L'ultima fase secondo me anche fondamentale è quella di accettare il proprio partner per quello che è, anche dal punto di vista estetico e anzi prenderlo in giro e sapersi far prendere in giro su quelli che sono i difetti sia estetici che caratteriali e su quelli che sono i limiti, senza alcuna intenzione di offendere.

Se si assume un atteggiamento del genere col proprio partner e lo si fa senza volerlo giudicare o senza volersi innalzare al di sopra di lui o senza volerlo screditare si

aiuta il partner stesso a migliorare su alcuni punti di vista e la stessa cosa può essere fatta con noi.
Quindi non prendiamola male se il nostro partner ogni tanto scherza sul nostro difetto e se magari un difetto che ci fa stare male proviamo a dirglielo e magari non lo farà più.

Bisogna anche sapersi sopportare e sopportare in ogni situazione, in ogni momento, in ogni istante, poiché è davvero difficile in una coppia che dura da anni riuscire ad accettare quelli che sono i limiti e i difetti dell'altro che possono essere una semplice un semplice essere disordinati.

Se c'è qualcosa che ti ha colpito in modo particolare di questo capitolo, puoi scriverlo qui in modo da ricordartene.

Spero che il libro ti sia piaciuto e che ti abbia potuto portare crescita personale.
Grazie per avermi dato fiducia.

Printed in Great Britain
by Amazon

Pasquale Stavolone è nato a Napoli nel 1989. Dopo la laurea in economia e qualche anno nel campo del marketing ha deciso di dedicarsi alla sua passione per la scrittura. Esordisce nel 2017 con "Avrei voluto dirti almeno un... ciao e nel 2019 pubblica "Ancora ti aspetto!".
Con "Perdonarsi per donarsi" (successo editoriale in self_publishing 2020, ripubblicato da Mondadori nel 2021) è arrivato al cuore di migliaia di lettori. Nel 2022 ha pubblicato "Costruiremo insieme qualcosa di grande (Mondadori) nel 2023 "Tu vali".

In copertina foto di: David Gomes